クラス全員
安心して参加できる

UD
ユニバーサルデザイン

『授業力＆学級経営力』
編集部 編

明治図書

イントロダクション

あそびを活用して
もっと楽しい学級，
授業をつくろう！

東京都公立小学校　北川雄一

1. あそびにもユニバーサルデザインを

　ユニバーサルデザイン（UD）とは,「すべての人のためのデザイン」を意味します。UDは年齢，障害の有無，体格，性別，国籍にかかわらず，できるだけ多くの人が理解し利用できるように設計されています。

　教育現場でもこの考え方は非常に重要で，例えば，黒板まわりをすっきりさせることで視覚的な刺激をコントロールしたり，いすの足にテニスボールをつけることで聴覚的な刺激を和らげたりと，様々な取組が行われています。

　クラスでのあそび（レクリエーション）においてもUDを意識し，すべての子どもたちが安心して楽しめるように工夫することが必要です。あそびは，子どもたちにとって自然な学びの場であり，楽しみながら様々なスキルを育むことができます。
　しかし，ドッジボールのように，身体能力の差によって全員が同じように楽しめないあそびもあります。他にも，ハンカチ落としで一度も落とされなかった子や，いすとりゲームで最初に脱落した子は，心から「楽しかった」と言えるでしょうか。さらに，「罰ゲーム」と称して，負けた子がはずかしさを味わうような活動までセットになっていることがあります。

子どもたちは，よくも悪くも体験から学びます。罰ゲームを行うことで「敗者に恥をかかせる」「失敗した人をみんなで笑う」といった文化がクラスに根づいてしまったら，どうなるでしょう。ゲームを通して体験的に学んだことが，知らず知らずのうちに学級生活に影響を与えてしまうのです。

　こういったことを踏まえて，本書で紹介するあそびは，能力や性別の違いを考慮し，だれもが参加しやすい工夫がされています。すべての子どもが楽しく参加できることが，安心・安全な学級を実現する第一歩になると考えています。

2.学級あそびのよさとポイント

　授業の導入やまとめはもちろん，授業が5分早く終わったときや，休み時間の学級活動など，意外と子どもたちとあそべる時間はたくさんあります。学級あそびには多くの利点がありますが，あそびをすること自体が「目的」ではないことに留意してください。学級あそびは，よりよいクラスをつくり，子どもたちが成長するための「手段」です。

①学級あそびのよさ
　　1　学習とのメリハリがつけられる
　　2　ルールや時間を守る力が育まれる
　　3　子どもたちが仲良くなり，信頼関係を築ける
　　4　問題解決能力やコミュニケーション能力が育つ
　　5　勝敗や失敗を受け入れる心が育つ

②ポイント
　あそびを通じて子どもたちが成長するためには，いくつかの重要なポイントがあります。中でも，計画的なねらいをもつこと，振り返りの時間を大切

にすることが，重要なカギです。

　まず，計画的なねらいをもつことです。どのような力を育てたいのか，どのような体験を子どもたちに与えたいのかを考え，活動を計画します。例えば，「緊張をほぐす」「名前を覚える」「集中力を高める」などです。「協力する」力を育てたい場合は，子どもたちが互いに支え合う場面が出るようなあそびを選びましょう。ねらいをもつことで，あそびがただの娯楽ではなく，学びの場としての意味をもつようになります。

　次に，振り返りの時間を設けることも大切です。「楽しかった！」で終わらせず，子どもたちが感じたことや学んだことを共有する時間をもつことで，経験を深めることができます。この振り返りのプロセスは，子どもたちが自分の成長を実感し，友だちとの関係を再確認するよい機会になります。また，振り返りを通じて次回の活動に向けての改善点や新たなアイデアも見えてくることでしょう。

　振り返りは日記のテーマにしてもよいですし，挙手や指名で発表しても構いません。教師からは「どうして楽しかったのかな？」「どんなことを意識していたかな？」「どうしてうまくいった（うまくいかなかった）のかな？」「今日学んだことは何かな？」といった具体的な声かけを心がけるとよいでしょう。

　「振り返り」があるからこそ，学級あそびに「失敗はない」と考えることができます。時にはケンカになったり，教師が叱って終わったりすることもあるでしょう。しかし，そのようなときも「なぜこうなったのか」「同じようなことが起こったら次はどうしたらよいか」と考えることで，子どもたちの成長につなげていきます。

　クラス全員が安心して参加できるあそびを通じて，楽しく，そして実りある学びの時間を共に創造していきましょう！

イントロダクション／北川雄一

あそびを活用してもっと楽しい学級，授業をつくろう！／003

クラス全員安心して参加できる 学級あそび UD

学級開き

楽しみながら友だちを知ろう！自己紹介じゃんけん列車／012
助け合いながら鬼ごっこを楽しもう！つの取り鬼ごっこ／014
協力して素早く順番に並ぼう！ラインナップゲーム／016
楽しみながらお互いを知ろう！じゃんけんクエスチョン／018
遊びながらお互いの名前を覚えよう！名前ビンゴ／020
クイズに取り組みながらお互いを知ろう！自己紹介３ヒントクイズ／022
ペアと協力して走ろう！手つなぎ鬼／024
仲間と息を合わせて移動しよう！瞬間移動／026
楽しみながらお互いを知ろう！自己紹介ウソホント／028
遊びながらお互いを知ろう！みんなの自己紹介／030
友だちを友だちに紹介しよう！他己紹介／032
だれが撮ったのか考えよう！だれの動画？／034

教室あそび

負けるが勝ち!?縮みじゃんけん／036
うまくバランスを取ろう！新聞じゃんけん／038
全身を使って楽しもう！体じゃんけん／040

体を動かすことを楽しもう！**体じゃんけんあっち向いてほい**／042
変化を楽しもう！**進化じゃんけん**／044
仲間と息を合わせよう！**チームじゃんけん**／046
チームでたくさんつなげよう！**お絵かきしりとり**／048
友だちとの関わりを楽しもう！**じゃんけん足開き**／050
動きでわかりやすく伝えよう！**ジェスチャー伝言ゲーム**／052
集中してカップの動きを見よう！**スタッキングあそび（けん玉）**／054
集中してカップを積み上げよう！**スタッキングあそび（タワー）**／056
集中力を高めよう！**スタッキングあそび（3-3-3）**／058
推理力を働かせよう！**答えは何？**／060
楽しみながら筋肉をリラックスさせよう！**紙鉄砲**／062
みんなでドキドキを共有しよう！**爆弾ゲーム**／064
重さを想像しよう！**目指せピッタリ100g**／066
楽しみながら眼を休めよう！**ブラインドタイムアタック**／068
言葉を推理しよう！**辞書クイズ**／070
楽しみながら覚えよう！**地図記号ビンゴ**／072
みんなで運試しをしよう！**おみくじづくり**／074
仲間の考えを想像しよう！**思いは1つ**／076
とっておきの1枚を共有しよう！**撮影者はだれ？**／078
仲間と協力して俳句をつくろう！**チームで俳句**／080
意外性を楽しもう！**チームで文章づくり**／082

体育館あそび

ペアで協力しよう！**おみこしリレー**／084
トランプの順に並び替わろう！**トランプならびっこ**／086

007

ボール投げが苦手でも安心！**フラフープドッジ**／088
手に載せた紙を落とし合おう！**紙々の戦い**／090
２つのことを同時にしよう！**ぞうきんがけボール運びリレー**／092
鬼はだれ？**ルーレット鬼**／094
どこに隠せば見つからないかな？**ガムテープかくれんぼ**／096
協力して暗号を解き明かそう！**暗号解読ゲーム**／098
感覚を研ぎ澄まそう！**気配切り**／100
バランスを崩さず走りきろう！**膝立ちレース**／102
全員で協力してボールを突き続けよう！**アースボールチャレンジ**／104
あなたを守ってくれる天使はだれ？**ガーディアンエンジェル**／106

外あそび

竹とんぼをうまく着地させよう！**カエデ大作戦**／108
タッチして仲間を増やそう！**宇宙人鬼**／110
最高記録にチャレンジ！**長縄くぐり**／112
鬼が追われる!?**さかさ鬼**／114
歩いて追いかけよう！**ペア鬼**／116
途中で負けたら一からやり直そう！**じゃんけんボウリング**／118
いろいろな運び方でリレーしよう！**はさんでボール運びリレー**／120
どんどん巨大化していこう！**マンモス鬼**／122
ハンターの投げるボールを避け続けよう！**ハンタードッジボール**／124
みんなの心を１つにしよう！**みんなでいっしょ**／126
手軽にカバディに挑戦しよう！**タグ・カバディ**／128
最初に３つのコーンを集めるのはだれ？**どきどきコーン集めゲーム**／130
先に１列そろうのはどっち？**三目並べリレー**／132

みんなで帽子をかぶせよう！おじぞうさんリレー／134
投げるのが苦手でも大丈夫！ローテーションドッジボール／136

国語あそび

なんて言っているのかな？口パク言葉当てゲーム／138
どんな言葉が書いてあるのかな？文字反転ゲーム／140
みんなでつないでいこう！早口言葉リレー／142
音を言葉で表そう！何の音ゲーム／144
文字数限定でつなげよう！3文字しりとり／146
新出漢字を楽しく覚えよう！漢字ビンゴ／148
国語辞典であそぼう！逆引きゲーム／150
どんな文ができるかな？主語・述語シャッフル／152
速く正しく書き写そう！視写競争／154
知っている漢字をたくさん書こう！「○○の漢字」いくつ書ける？／156
すぐに読みを声に出そう！漢字フラッシュカード／158
全部聞き取ろう！聖徳太子ゲーム／160

算数あそび

5になるお友だちをつくろう！ごまだんご／162
楽しく九九の練習をしよう！かけ算九九ビンゴ／164
影に重ねて同じ形をつくろう！シルエットパズル／166
簡単に計算するコツは？10個のたし算／168
方眼紙で小さい箱をつくろう！ミニチュア箱づくり／170
なんで先生ばかり勝つの？GETラストだんごゲーム／172
みんなで問題を考えよう！計算ビンゴ／174

009

友だちはどんな図かな？マッチング作図／176

楽しく計算力アップしよう！メイク10／178

進んで計算したくなる！誕生日がわかる不思議な計算／180

数を多様な見方で捉えよう！今日の日付になるかけ算の式探し／182

全部の数がわかるのはなぜ？薬師算／184

英語あそび

何時に何をした？１日物語何でもバスケット／186

お気に入りの部屋はどこ？My favorite place is the ＿＿＿＿＿＿．／188

どんなアルファベットが隠れているかな？アルファベットハンター／190

数を英語で伝えよう！How many?／192

自分の推しになろう！推しの誕生日は？／194

何文字書けるかな？アルファベットリレー／196

行きたい国はどこ？パスポートビンゴ／198

自作メニューで注文を取ろう！ご注文は何？／200

図工あそび

体全体を使って楽しもう！新聞紙でワクワク体操／202

「こんなふうに見えたよ」を伝え合おう！何に見えるかな？／204

膨らませたビニール袋の感触を楽しもう！ふわふわあそび／206

文房具を並べてつくろう！ならべて，見てみて，かおかお発見／208

おもしろい写真を撮影しよう！不思議＆驚きショット／210

鏡の中の世界を楽しもう！映して，のぞいて，ミラクルミラー／212

クラス全員安心して参加できる 学級あそびUD

学級開き
鈴木邦明

体育館あそび
北川雄一

国語あそび
広山隆行

英語あそび
谷内祥絵

教室あそび
鈴木邦明

外あそび
北川雄一

算数あそび
種市芳丈・沼川卓也

図工あそび
堀江美由紀

学級開き

楽しみながら友だちを知ろう！
自己紹介じゃんけん列車

 時間 15分　 準備物 ●音源

ねらい

自己紹介を兼ねた「じゃんけん列車」に取り組むことを通して，相互理解を深める。

対象
低学年
中学年
高学年

1. 通常のじゃんけん列車を行う

今から「自己紹介じゃんけん列車」をします。じゃんけん列車はまず音楽に合わせて動きます。音楽の間にある「じゃんけん，ポン！」のタイミングで，友だちとじゃんけんをします。負けた人は，勝った人の後ろに並び，列車のようになっていくあそびです。何か質問はありますか？

あいこだったらどうすればいいですか？

あいこの場合は，勝ち負けが決まるまでやってください。
それでは，音楽，スタート！

> **安心のしかけ**
> 自己紹介じゃんけん列車に取り組む前に，よりルールが簡単な通常のじゃんけん列車で練習をする。

2. 自己紹介じゃんけん列車を行う

今度は、じゃんけん列車に自己紹介を加えます。じゃんけんをする前に名前や好きなものなどを言ってからじゃんけんをします。列が2人、4人と長くなっても、全員が自己紹介をしてからじゃんけんをしましょう。

3. ルールを変えて取り組む

次は、少しルールを変えます。名前を言った後に、自分が好きなものも紹介してください。例えば、先生の場合「こんにちは、鈴木邦明です。好きなものはサッカーです」という感じです。先ほど同様、列の人全員が話をしてからじゃんけんをするようにしてください。

○○です。好きなものはお寿司です。

あっ、○○さんはお寿司が好きなんだ。私と同じだ！ 今度、お寿司のことで話をしてみようっと。

＼ 全員安心して参加できるようにするポイント ／

まずは、あそびそのものに慣れるために、シンプルな通常のじゃんけん列車を行います。そのうえで、自己紹介じゃんけん列車に取り組みます。何度も取り組んでいく中でお互いの名前に馴染みが出てきます。慣れてきたら、「好きな食べ物」などのお題を追加していきます。そうすることで、相互理解がさらに進んでいきます。

学級開き

助け合いながら鬼ごっこを楽しもう！
つの取り鬼ごっこ

 時間　5分　 準備物　なし

ねらい
タッチされることで復活できる鬼ごっこを通して，助け合う中でお互いの信頼を高め合う。

対象　低学年　中学年　高学年

1. ルールを理解する

今から「つの取り鬼ごっこ」をします。鬼にタッチされた人は動くことができなくなります。そのとき，両手の指を1本ずつ立て，頭の上に乗せます。これが「つの」ですね。まだ捕まっていない人は，つのが生えて固まってしまった友だちをタッチで助けてあげてください。1回タッチされると1つのつのがなくなります。2回タッチされるともう1つのつのがなくなり，自由に動くことができるようになります。ルールはわかりましたか？

2. ゲームを行う

では，やってみましょう。捕まっても助けてもらえるから安心してね。はじめ！

安心のしかけ
捕まっても助けてもらえることを強調しておく。

うわ〜，逃げろ〜。

捕まった，助けてー！

よしっ，これで3人助けたよ！

3. 振り返りをする

つの取り鬼ごっこをやってみてどうでしたか？

捕まってしまったけど，他の人に助けてもらえたのでうれしかったです。

助けたり，助けられたりがとても楽しい鬼ごっこですよね。

助けて〜！

> ＼ 全員安心して参加できるようにするポイント ／
> 　つの取り鬼ごっこを含む氷鬼系の鬼ごっこでは，捕まっても仲間にタッチしてもらうことで復活することができます。助けたり，助けられたりの活動がたくさん行われるように，取り組む前にそのことを話題にするとよいでしょう。

クラス全員安心して参加できる学級あそびUD　015

学級開き

協力して素早く順番に並ぼう！
ラインナップゲーム

 時間 10分　 準備物 なし

ねらい
言葉を発することなくテーマの順番に並ぶ活動を通して，協力することの楽しさを味わう。

対象：低学年／中学年／高学年

1. ルールを理解する

> 今から「ラインナップゲーム」をします。2チームで競争です。先生がテーマを発表するので，そのテーマの順番でチームで並びます。並ぶときに話をしてはいけません。言葉ではなく，身振り手振りなど，違う方法で自分の言いたいことをチームの仲間に伝えてください。並べたチームは座ってください。座るのが早かったチームの勝ちです。

2. ゲームを行う

> では，実際にやってみましょう。先ほども言ったように，お話をしてはダメですよ。今回のテーマは「誕生日」です。1月始まりではなく，4月始まりです。4月生まれの人が前の方で，3月生まれの人が後ろの方になります。では，始め！

3. 答え合わせをする

両チーム座りましたね。早かったのはAチームでしたが，もし間違っていたら，Bチームの勝利ということになります。前の人から順番に，大きな声で誕生日を言ってください。

4月15日です！

5月2日です！

AチームもBチームも全員合っていました。なので，今回は早くそろったAチームの勝利！

＼ 全員安心して参加できるようにするポイント ／

言葉によるコミュニケーションが認められた活動は，よくしゃべる活発な子ども中心で活動が進みがちですが，言葉によるコミュニケーションを禁止することで，グループ全員が協力する必然性が生まれやすくなります。

学級開き

楽しみながらお互いを知ろう！
じゃんけんクエスチョン

 時間 10分　 準備物 なし

ねらい

あそびの要素がある自己紹介に取り組むことを通して，リラックスした雰囲気の中で相互理解を深める。

対象：低学年／中学年／高学年

1. ルールを理解する

 今から「じゃんけんクエスチョン」をします。遊びながら，友だちのことを知ることがねらいです。まず，じゃんけんをする相手を見つけます。相手が見つかったら，あいさつをしてから，じゃんけんをします。勝った人は負けた人に1つ質問をします。例えば「好きな食べ物は何ですか？」のような感じです。質問はどのような内容でも構いませんが，相手が嫌がるような質問や意地悪な質問はやめましょう。終わったら，あいさつをして別れます。また次の相手を見つけて，同じように繰り返します。

2. ゲームを行う

 では，実際にやってみましょう。

 ○○さん，こんにちは。私は△△です。じゃんけん，ポン！

勝った！ では，△△さんに質問です。好きな教科は何ですか？

私は，音楽が好きです。特に歌が大好きです。

今度は勝った。では，□□さんに質問です。
好きなスポーツは何ですか？

私は，水泳が好きです。週に2回スイミングスクールに通っています。一番得意なのはバタフライです。

3. 振り返りをする

じゃんけんクエスチョンに取り組みました。はじめての人がほとんどだったと思います。やってみてどうでしたか？

友だちの今まで知らなかったことを知ることができたので，とてもうれしかったです。

遊びながら友だちのことを知ることができてよかったです。自分のことも知ってもらえたのもよかったです。

＼ 全員安心して参加できるようにするポイント ／

　特にクラス替えがあった学級の場合，単純な自己紹介では，子どもたちは緊張しがちです。そこで，自己紹介にあそびの要素をちょっとプラスすることで子ども同士の距離を近づけます。相手が嫌がるような質問はしないことを事前に確認することも重要なポイントです。

学級開き

遊びながらお互いの名前を覚えよう！
名前ビンゴ

 時間　10分　 準備物
- ビンゴカード（4×4マス）
- 出席番号が書かれたくじ

何度も子どもの名前を言い合うビンゴに取り組むことを通して，お互いの名前をしっかり覚える。

対象
低学年
中学年
高学年

1. 名前カードの準備をする

今から「名前ビンゴ」をします。まず，ビンゴの準備をします。枠が16個あるカードを配ります。まわりの友だちにあいさつをしながら，1枠に1人の友だちに名前を書いてもらいます。16個の枠がすべて埋まった人は座ってください。

こんにちは，○○です。名前を書いてもらえますか？

私は△△です。よろしくお願いします。お名前書いてください！

2. ゲームを行う

では，ビンゴをやっていきましょう。今から先生が出席番号の書かれているくじを引き，その番号の人の名前を言います。カードにその人の名前があれば，○をつけてください。

だれの名前が出るか,楽しみだなぁ。

 早くビンゴになればいいなぁ。

3.振り返りをする

 名前ビンゴに取り組んでみて,どうでしたか？

楽しかったです。まだちゃんと名前を覚えられていなかった人とも話すことができて,少しずつ覚えてきました。

＼ 全員安心して参加できるようにするポイント ／

ビンゴは全員が平等にゲームに参加することができます。また,運の要素が強く,だれが勝つかわからないゲームです。ここでは,そんなビンゴを楽しみながら,お互いの顔と名前を一致させることにつなげていきます。

学級開き

クイズに取り組みながらお互いを知ろう！
自己紹介3ヒントクイズ

 時間　10分　 準備物　なし

ねらい

3ヒントで答える自己紹介クイズを通して，楽しみながらお互いのことを知り合う。

1. ルールを理解する

 今から「自己紹介3ヒントクイズ」をします。グループに分かれて，3ヒントクイズをしていきます。例えば，「自分の好きなもの」というお題だとします。ヒントを出す人は，自分の好きなものに関するヒントを3つ言います。もし「バナナ」が好きだったとしたら，「果物です」「黄色いです」「細長いです」といった感じです。

2. 1回目を行う

 では，実際にやってみましょう。それぞれ準備してください。お題は「好きな食べ物」です。

 よし，1番目だ。
ヒントです。①細長いです。②汁に入っています。③しょうゆ味やみそ味があります。

あっ，わかった！　ラーメンでしょ？

正解です。ラーメンが大好きです！
特にとんこつラーメンが好きです。

3. お題を変えて2回目を行う

では，お題を変えて2回目を行います。今度のお題は「学校の中で好きなもの」です。「カレー」のように給食のメニューでも構いませんし，「鉄棒」のような校庭にあるものでも構いません。どういったものにするにしても，すぐには答えがわからないように，上手にヒントを考えてくださいね。

よし，私の番だ。「学校の中の部屋の1つです」「全員行ったことがあります」「勉強をする部屋ではありません」。

何だろう？　ちょっと難しいなぁ…。会議室かなぁ…。

正解は「保健室」です。ちょっとおうちみたいな感じがして落ち着くので，私は保健室が好きです。

> ＼ 全員安心して参加できるようにするポイント ／
> はじめのうちは，ヒントが出しやすく，正解しやすいお題にすることがポイントです。慣れてきたら，子どもたちの実態に応じて，難しい問題をつくるようにしていくとよいでしょう。

クラス全員安心して参加できる学級あそびUD　023

学級開き

ペアと協力して走ろう！
手つなぎ鬼

 時間　10分　 準備物　なし

ねらい
ペアと意思疎通を図りながら鬼ごっこに取り組むことを通して，仲間意識を醸成していく。

1. ルールを理解する

> 今から，「手つなぎ鬼」をします。鬼も逃げる人も2人組になります。2人で手をつなぎます。タッチすることで鬼が交代します。逃げているときに手が離れてしまったら，逃げているペアはタッチされたこととします。鬼は帽子を赤にしてください。逃げる人は帽子を白にします。範囲は体育館全体です。2人で協力しながら取り組んでください。しっかりとお互いに考えを伝え合い，息を合わせることが大事ですよ。

2. ペアを組む

> では，実際にやってみましょう。
> 出席番号で男女2人組をつくります。

> がんばろうね！

安心のしかけ
なかなかペアをつくれない子どもが出ないように，あらかじめペアの組み方を決めておく。

3. ゲームを行う

では,実際に手つなぎ鬼に取り組みます。
はじめに鬼をやりたい人はいますか？

はーい！

それでは,Aさんたち,Bさんたち,Cさんたちにお願いします。
鬼は3組です。鬼も逃げる人もがんばってください。
よーい,スタート！

あーっ！　途中で手が離れてしまった…。

4. 振り返りをする

手つなぎ鬼をやってみてどうでしたか？

思っていたより難しかったです。

鬼になったときは,ペアの人とねらいを決めてから走りました。

＼ 全員安心して参加できるようにするポイント ／

　鬼ごっこは,足の速い子どもばかりが活躍しがちですが,男女ペアで手つなぎ鬼を行うと,そうはいきません。また,捕まえたり,逃げたりするために,必然的にコミュニケーションが生まれます。学級開きの時期にこういった活動に取り組むことで相互理解が深まります。

クラス全員安心して参加できる学級あそびUD

学級開き

仲間と息を合わせて移動しよう！
瞬間移動

時間　15分

準備物
● 新聞紙
● テープ

ねらい
仲間と息を合わせて瞬間移動をする活動を通して，楽しみながら一体感を高める。

対象：低学年／中学年／高学年

1. ルールを理解する

今から「瞬間移動」をします。2人組になります。1人に1枚新聞紙を配ります。その新聞紙を細く丸めて，1人1つ棒をつくります。棒ができたら，2人で少し間を空けて向き合い，棒を指で押さえます。声をかけ合いながら，同時に移動し，相手の棒が倒れる前につかみます。

2. 棒をつくり，2人で取り組む

では，棒をつくることができたペアから瞬間移動に取り組んでください。はじめは1mくらいのあまり遠くない間隔から始めましょう。

安心のしかけ
失敗しにくい1mくらいの短い距離から取り組むように声をかける。

よし，がんばるぞ！

026

3. 人数を増やして取り組む

今度は人数を増やして取り組みたいと思います。先ほどのペアを利用して，4人組をつくります。4人が角に来るように正方形をつくってください。動く方向を確認してから始めてください。2人のときよりも難しくなるので，はじめは近い間隔でやってみてください。

人数が増えるとぴったり息を合わせるのが難しいなぁ…。

わ～っ，思っていたより難しいけどおもしろい！

＼ 全員安心して参加できるようにするポイント ／

ペアのどちらもが棒をつかまないと成功にならないので，運動能力が高い子どもも，自然にペアに対して配慮するようになります。また，子どもたち同士で相談して距離を決められることもこのゲームのよさの1つです。

> 学級開き

楽しみながらお互いを知ろう！
自己紹介ウソホント

 時間 20分　 準備物 なし

ねらい
クイズ形式の自己紹介を通して，楽しみながらお互いのことをより深く知り合う。

対象　低学年／中学年／高学年

1. ルールを理解する

> 今から「自己紹介ウソホント」をします。ねらいは，クイズ形式で楽しみながら自己紹介をすることです。自己紹介で4つのことを言ってもらうのですが，その中の1つにウソを入れてください。例えば，こんな感じです。先生が取り組んでいたスポーツについてです。「①サッカー，②カーリング，③トライアスロン，④水泳」この4つの中にやったことのないものが1つあります。どれだと思いますか？　①だと思う人？　②だと思う人？　③だと思う人？　④だと思う人？　正解は…，②のカーリングです。

2. クイズを考える

> では，時間を取るのでクイズを考えてください。すぐにウソだとわかる問題にならないように工夫してね。

安心のしかけ
困っている子どもには，趣味や好きな食べ物など考えやすいテーマをヒントとして伝える。

028

「本当っぽいウソ」と「ウソっぽい本当」が考えられると，答える人が悩むだろうなぁ。

3.クイズを行う

それでは，実際にやってみたいと思います。まずは〇〇さん。

私の自己紹介を始めます。私は親の仕事の関係でよく引っ越していたのですが，これまで住んだことのある街を紹介します。「①札幌，②博多，③那覇，④ニューヨーク」この中で住んだことのない街はどれだと思いますか？　①だと思う人？　②だと思う人？　③だと思う人？　④だと思う人？　正解は…，②の博多です。

知らなかったぁ，ニューヨークにも住んだことがあるんだ！

4.振り返りをする

やってみてどうでしたか？

友だちのいろいろなことを知ることができたし，クイズがどれもおもしろかったです。

＼　全員安心して参加できるようにするポイント　／
　クイズ形式にすることでその子らしさを表現しやすくなる一方，問題づくりに悩む子どももいます。そういった子どもには，問題を考えやすいテーマをヒントとして伝えるとよいでしょう。

クラス全員安心して参加できる学級あそびUD

学級開き

遊びながらお互いを知ろう！
みんなの自己紹介

 時間 15分　 準備物 なし

ねらい
グループに分かれて自己紹介に取り組むことを通して、楽しみながらお互いのことを深く知り合う。

1. ルールを理解する

今から「みんなの自己紹介」をします。6人のグループで丸くなります。スタートの人を決め、簡単な自己紹介をしていきます。2番目の人は前の人の紹介を言ってから、自分の紹介を言います。最後の人は、全員の分の紹介を言うことになります。途中で間違えても大丈夫です。そうしたら、その人のところからもう一度スタートします。

2. 1回目を行う

では、実際にやってみましょう。

1番目は私がやります。カレーが好きな○○です。

カレーが好きな○○さんの隣の、いちごが好きな△△です。

カレーが好きな○○さんの隣の、いちごが好きな△△さんの隣の、サッカーが好きな□□です。

3. メンバーを変えて、2回目を行う

では、やり方がわかったところで、メンバーを変えて2回目に取り組みたいと思います。元のグループで1から6までの番号を決めて、その番号ごとに集まってください。

1の人、集まって！　じゃあ、始めるね。
ぼくは、みかんが好きな○○です。よろしくね！

> ＼ 全員安心して参加できるようにするポイント ／
>
> 人数を変えたり、テーマを限定したりすることで、難易度を調整することがポイントです。また、失敗してもその場からリスタートできることを伝えると、安心して参加することができます。

学級開き

友だちを友だちに紹介しよう！
他己紹介

 時間　15分　 準備物　なし

ねらい

他の人の紹介をする「他己紹介」を通して、お互いのことをより深く、広く知り合う。

1. ルールを理解する

> 今から「他己紹介」をします。自己紹介の他者バージョンです。友だちにインタビューをして、その人のことを聞き出し、そのことをさらに他の人に伝える活動です。4人組になり、1、2、3、4の番号を決めます。1の人が2の人にインタビューをします。3の人が4の人にインタビューをします。時間は1分間です。名前以外に、好きな食べ物、趣味、入ろうと思っているクラブ活動などなど、知りたいことを尋ねてください。1分経ったら、1の人が他の2人に向けて2の人の紹介をします。次に、3の人が他の2人に向けて4の人の紹介をします。終わったら、逆の形で取り組みます。

2. 1回目を行う

> じゃあ、私が1だから、2の○○さんにインタビューをするね。好きな食べ物は何ですか？

イクラのお寿司が大好物です！

 では，インタビューが終わったので，○○さんについて紹介します。○○さんの好きな食べ物はいくらのお寿司で…。

 えっ，ぼくと同じだ！

3. 2回目を行う

 では，メンバーを変えて2回目を行います。

 いろんな人のいろんなことを知ることができて楽しいなぁ。

4. 振り返りをする

 今回，他己紹介をしてみましたが，どうでしたか？

 後で他の人に説明をしなければならないので，真剣に聞きました。

 ○○さんのインタビューのやり方がとても上手だったので，話しやすかったです。

> ＼ 全員安心して参加できるようにするポイント ／
> 　教えてもらったすべてのことを紹介できなくてもよいことを事前に伝えておくと，安心して取り組むことができます。こういった相互理解の取組を繰り返すことでクラス内の人間関係を構築します。

学級開き

だれが撮ったのか考えよう！
だれの動画？

 時間 20分　 準備物 ●タブレット端末

タブレット端末でそれぞれが撮影した動画を見合う活動を通して，お互いの理解を深める。

1. 事前準備（動画撮影）について理解する

> 今から「だれの動画？」というクイズのための動画撮影に取り組みます。タブレットを持ってそれぞれが自分がすてきだと思う場所を撮ります。自己紹介の意味があるので，自分らしさがわかるような動画にしてください。ただ，見たらすぐにだれなのかがわかるようなものではなく，見ていくうちにわかるような感じの仕上げが望ましいです。撮ることができたら先生が用意した場所にデータをアップしてください。アップする動画はそれぞれ1つのみです。後日，どの動画をだれが撮影したものかわからない状態でみんなで見ていきたいと思います。

2. 撮影を行う

> では，撮影の時間にします。時間は20分間です。他のクラスに迷惑をかけないように注意してください。

よし，いい動画を撮るぞ！

3. 撮った動画をみんなで見る

では，今日はみんなが撮った動画を見ていきます。全員のデータがアップされていますが，どれがだれのものなのかはわからないようになっています。

みんなどんな動画を撮っているんだろう。楽しみだなぁ。

私が撮ったものをだれかわかってくれるかなぁ…。

＼ 全員安心して参加できるようにするポイント ／

　高学年ともなると端末の操作にもある程度慣れているので，絵をかくことなどと比べると，抵抗感なく取り組めます。何を撮影するかで困っている子どもがいるときは，撮る動画はどのようなものでもよいので，自分が好きな場所やものを撮るように声かけをします。

教室あそび

負けるが勝ち!?
縮みじゃんけん

 時間　10分　 準備物　なし

ねらい

勝ち負けだけが重要ではないじゃんけんあそびに取り組むことを通して，体を動かすことを楽しむ。

対象
低学年
中学年
高学年

1. ルールを理解する

 今から「縮みじゃんけん」をします。２人組になってじゃんけんをします。負けた人は，負ける度におよそ10cm ずつ身長が小さくなります。膝を曲げて，腰を落とすようにしていってください。勝った人はそのままです。負けた人は少し低くなった体勢で次のじゃんけんをしていきます。

2. 練習を兼ねて２, ３回行う

 ２人組ができたところから始めてください。

 あっ，負けた〜。悔しい！

 負けると悔しいよね。
でも，負けた方がよく体を動かすからいい運動になるんだよ！

036

3. 相手を変えて行う

では，相手を変えてさらに取り組みましょう。じゃんけんに負けて少し縮んでいるときは，太ももなどが伸びている状態です。こんなふうに，使っている筋肉を意識しながら取り組むとさらにいいですよ。がんばってください！

ちょっと辛いけど，がんばろう。

30秒ごとにペアを変えてどんどんやっていこう！

＼ 全員安心して参加できるようにするポイント ／

低学年では勝ち負けにこだわり過ぎ，あそびを楽しめない子どもが出てくることがあります。そこで生きてくるのが，「負けた方がよく体を動かすからいい運動になる」という言葉かけです。また，長時間しんどい体勢を取り続けられない子どもも多いので，30秒〜1分くらいでペアをチェンジしていくのがおすすめです。

教室あそび

うまくバランスを取ろう！
新聞じゃんけん

 時間　10分　 準備物　●新聞紙

ねらい

じゃんけんをしながら新聞の上でバランスを取る活動を通して，自分の体力に応じた運動の楽しさ，心地よさを味わう。

対象　低学年　中学年　高学年

1. ルールを理解する

 今から「新聞じゃんけん」をします。1人1枚新聞紙を配るので地面に広げて置き，その上に立ちます。みんなは手をあげて前にいる先生とじゃんけんをします。負けた人は新聞紙を半分に折ります。負ける回数が多くなると，新聞紙が小さくなっていきます。がんばって小さくなった新聞紙の上に立ちましょう！

2. 1回目を行う

 では，実際にやってみましょう。

 あいこの場合はどうしますか？

 あいこは勝ちと同じで，折らなくても OK としましょう。

3. ルールを変えて2回目を行う

では、2回目は少しルールを変えます。今度は、あいこは負けとしましょう。1回目とは違い、あいこの場合は新聞を折ってください。そのかわり、最初の新聞の状態は自分で決めてよいことにします。自信がある人は、何回か折った状態で始めてください。自信がない人は、もちろん広げた状態でもOKです。

よし、3回折った状態から挑戦するぞ！

私は広げた状態から始めようっと。

＼ 全員安心して参加できるようにするポイント ／

最初は「あいこは勝ちと同じ」というルールにすることで、全員が参加しやすくなります。また、最初の新聞の状態を自分で決めるというルールに変更することで、勝ち負けにこだわらず、個々の目標に応じた活動にすることができます。

教室あそび

全身を使って楽しもう！
体じゃんけん

 時間 5分　 準備物 なし

ねらい
全身を使って行うじゃんけんに取り組むことを通して，楽しみながら体を動かす心地よさを味わう。

対象　低学年　中学年　高学年

1. ルールを理解する

 今から「体じゃんけん」をします。2人組になってじゃんけんをします。ただし，手でじゃんけんをするのではなく，体全体でじゃんけんをします。それでは，それぞれのポーズを確認します。グーはどうやりますか？

 座ってひざを抱える感じがいいです。

 いいですね。では，パーとチョキもやってみてください。

 パーは足も手も広げた感じがいいです。

 チョキは足を前後にして，手を上げて前後にする感じかなぁ…。

 では，チョキはやる前に2人で決めてください。

2. 1回目を行う

では,実際にやってみましょう。ペアになったら,体じゃんけんを始めてください。

最初はグー,じゃんけん,ポン!

あっ,負けた! 悔しい〜。

3. ペアを変えて何度か行う

それでは,今度はペアを変えます。今までペアだった人にお礼を言ったら,新しいペアの人を探します。組めたペアから体じゃんけんを始めてください。慣れてきたら,じゃんけんのテンポを少し上げてみると,また違った感じになりますよ。

よし,今度はがんばるぞ!

ついチョキを出すくせがあるから,ちょっと気をつけて,今度は勝つぞ!

＼ 全員安心して参加できるようにするポイント ／

グーとパーは,おおよそみんな形の認識が同じですが,チョキはいろいろな形が考えられるので子どもたち同士で決めさせます。そろえるところはそろえつつ,子どもたちの個性を発揮できる余地も残します。

教室あそび

体を動かすことを楽しもう！
体じゃんけんあっち向いてほい

 時間　5分　 準備物　なし

ねらい

「体じゃんけん」にあっち向いてほいをプラスした活動を通して，体を動かすことを楽しむ。

対象
低学年
中学年
高学年

1. ルールを理解する

今から「体じゃんけんあっち向いてほい」をします。2人組になってあっち向いてほいをします。その際，じゃんけんは「体じゃんけん」でやります。グーはひざを抱えます。パーは手と足を広げます。チョキは足を前後に開きます。じゃんけんで勝った人は，普通に指を使ってあっち向いてほいをします。

2. 練習を兼ねて2，3回行う

では，実際にやってみましょう。2人組になります。ペアができたところから始めてください。

負けた～。悔しいなぁ…。

大事なのは勝ち負けじゃないよ。体を動かすことを楽しもう！

3. 相手を変えて続きを行う

では，今やっていた友だちにお礼を言ったら，ペアを変えます。新しいペアができたら，また始めてください。

ありがとうございました。楽しかったです！

こちらこそありがとうございました。本当に楽しかった！

よろしくお願いします！

よろしくお願いします！

4. 振り返りをする

今回「体じゃんけんあっち向いてほい」に取り組みましたが，どうでしたか？

たくさん体を動かすので結構疲れました。

普通のあっち向いてほいよりもおもしろかったです。

＼ 全員安心して参加できるようにするポイント ／

じゃんけんの勝ち負けにこだわる子どもが出てくる場合は，勝ち負けではなく，体を動かすことを楽しむことが大事であるということを全体に向けて伝えるようにします。

教室あそび

変化を楽しもう！
進化じゃんけん

 時間　10分　 準備物　●ポーズの掲示物

じゃんけんの結果に応じてポーズが変わる活動を通して，仲間と一緒に変化を楽しむ。

対象：低学年／中学年／高学年

1.ルールを理解する

今から「進化じゃんけん」をします。じゃんけんをして，勝つと進化していくというゲームです。最初は全員が「たまご」です。じゃんけんで勝つと「ひよこ」になります。また勝つと，次は「にわとり」になります。最後は「神様」です。「神様」で終わりなので，先生のところに来て座って待ちます。じゃんけんは，同じ種類の人としかすることができません。じゃんけんで負けたらそのままです。

2.ゲームを行う

では，始める前に，掲示物でポーズを確認しましょう。「たまご」はこんな感じ。はじめは全員が「たまご」ですよ。次は…

がんばるぞ！　勝ち続けて，一気に神様になろう。

3. ルールを変えて行う

では,次は少しルールを変えます。
今度は,じゃんけんで負けたら1つ前のものに戻ってしまいます。

負けたら大変だ!

あ〜,負けた! 「にわとり」の前は「ひよこ」だ。

また負けた〜。せっかく「にわとり」まで行ったのに「たまご」まで戻ってしまった…。

4. 振り返りをする

「進化じゃんけん」に取り組んでみて,どうでしたか?

進化するのが,何だか変身しているようで楽しかったです。

1回目のルールもおもしろかったけど,2回目の負けたら戻るというルールだとハラハラしてもっとおもしろかったです!

> **＼ 全員安心して参加できるようにするポイント ／**
>
> 低学年の子どもたちは,ポーズを取ったり真似をしたりする活動にも比較的抵抗なく取り組めます。一方で,ポーズを忘れてしまったり,わからなくなってしまったりすることがあるので,掲示物を用意することで,全員が安心して参加できるようにします。

教室あそび

仲間と息を合わせよう！
チームじゃんけん

 時間　10分　　 準備物　なし

ねらい

チームで取り組むじゃんけんを通して，仲間と息を合わせて体を動かすことの楽しさを味わう。

対象：低学年／中学年／高学年

1. ルールを理解する

 今から「チームじゃんけん」をします。5人で1つのグループになります。1人が1本の指になり，5人で1つの手になりますよ。だれがどの指になるかを決めて，一列に並びます。相手のチームと声をかけ合ってじゃんけんをします。何を出すのかは事前に相談しておかないと立ったり，座ったりができないので注意してください。

2. ポーズを確認する

 では，Aチームの5人は前に出てきてください。最初にみんなでポーズを確認します。「グー」は全員座っています。「チョキ」は人差し指と中指の人だけ立ちます。「パー」は全員立ちます。

なるほど。楽しそう！

046

3. 対戦形式で行う

では、やり方がわかったところで、2チームの対戦形式でやってみます。みんなで協力してがんばりましょう。

わ～、チョキは難しい！

4. 学級全体で行う

最後は学級全体で対戦したいと思います。全チームが見える場所に並んでください。

みんなでやると迫力があるなぁ。

> ╲ 全員安心して参加できるようにするポイント ╱
> 複雑な動きではありませんが、低学年の子どもたちはグループで息を合わせて活動することを十分に経験していません。そのため、最初にポーズや動き方を丁寧に確認します。

教室あそび

チームでたくさんつなげよう！
お絵かきしりとり

 時間 10分　 準備物 ●黒板 ●チョーク

ねらい
お絵かきでつないでいくしりとりにチームで取り組むことを通して，作戦を考えることや仲間との一体感を楽しむ。

対象 低学年／中学年／高学年

1. ルールを理解する

今から「お絵かきしりとり」をします。4チームに分かれます。各チーム内で順番を決めてもらいます。スタートの合図でしりとりをしていきます。1番目の人は先生にお題を聞いたら，その絵をかきます。かく場所は黒板の自分のチームの指定されたところです。絵がかけたら，次の人にバトンタッチします。次の人は，前の人の絵の最後の文字が最初の文字になるような言葉を選び，絵をかいてください。終了の合図までにたくさんかくことができたチームの優勝です。もちろん，しりとりなので「ん」がつく言葉で終わらないように注意してくださいね。

2. お手本を見る

では，Aチームさんにお手本を見せてもらいましょう。
お題はこれです。

（ねこか，簡単だ！）

 （たぶん「ねこ」だな。「こ」で始まるのは…）

 声を出したり，ヒントを出したりしないようにね。

3. 作戦会議を行う

 では，始める前に，チームで作戦会議をしましょう。どうやったらたくさんかくことができそうか，相談してください。

 あまり複雑な絵にしない方がいいね。

 絵をかきにくい言葉で終わらないのも大事だと思うよ。

4. しりとりを行う

 では，作戦会議を生かして，しりとりに挑戦しましょう。

 がんばるぞ！

> ＼ 全員安心して参加できるようにするポイント ／
> 「シンプルな絵をかく」「絵をかきにくい言葉で終わらない」など活動しやすくするコツがありますが，それを教師が伝えるのではなく，グループの力を生かし，お手本を見る→作戦会議を行うという流れの中で子どもたちから引き出します。

クラス全員安心して参加できる学級あそび UD

教室あそび

友だちとの関わりを楽しもう！
じゃんけん足開き

 時間　5分　 準備物　なし

ねらい

体を動かしながらじゃんけんあそびに取り組むことを通して，友だちと関わることを楽しむ。

1. ルールを理解する

> 今から「じゃんけん足開き」をします。2人組になり，向かい合います。最初は両足をぴったりくっつけた状態からスタートです。その状態でじゃんけんをして，負けた人は，握りこぶし1つ分くらい足を開きましょう。こうしてどんどんじゃんけんをしていって，立っていられなくなった方が負けです。

2. じゃんけん足開きに取り組む

> では，実際にやってみましょう。2人組になってください。2人組になったところから始めてください。

> ○○さん，やろう。よろしくお願いします。

> よろしくお願いします！

最初はグー,じゃんけん,ポン! うわっ,負けた。握りこぶし1つ分足を開いて…。次は負けないぞ。

負けた。だんだん足を開くのが大変になってきたぁ…。次は負けたくないな。がんばろう!

3. 振り返りをする

「じゃんけん足開き」に取り組んでみてどうでしたか?

はじめの方は余裕だったけど,だんだん立っているのが大変になってきました。でもおもしろかったです!

開いてくると大変だから,負けたくないなあと思いながらやっていました。

このあそびは,足を横に開くだけでなく,縦に開くやり方もあります。今度またみんなでやってみましょうね。

＼ 全員安心して参加できるようにするポイント ／

シンプルで取り組みやすいじゃんけんあそびです。足を開く広さで難易度を調整しやすいというよさもあります。低学年で行うときは,「○cm開く」のような指示では難しさを感じる子どももいるので,多少子どもによって誤差はあっても,「握りこぶし1つ分」のような,どの子も動きやすい指示の仕方がおすすめです。

教室あそび

動きでわかりやすく伝えよう！
ジェスチャー伝言ゲーム

 時間 10分　 準備物 なし

ねらい

ジェスチャーで友だちにお題を伝える活動を通して、伝え方を工夫することの大切さを学ぶ。

対象
低学年
中学年
高学年

1. ルールを理解する

今から「ジェスチャー伝言ゲーム」をします。今並んでいるチーム対抗です。伝言ゲームなのですが、言葉は使わず、ジェスチャーだけで伝えていきます。取り組むグループは前に出てきてもらいます。先頭の人にお題の入っている袋から紙を1枚取ってもらいます。そこにお題が書いてあります。列の他の人は後を向いています。先頭の人から順にジェスチャーでお題を伝えていきます。最後の人は伝わってきたものを発表してもらいます。取り組むチーム以外の人はその場所で前でやっているものを見ていてください。ジェスチャーでの伝言は少し難しいですが、うまくできても、できなくてもよいので、友だちに伝えることを楽しんでください。

2. ゲームを行う

では、始めます。Aチーム、1番目にお願いします。

どんなお題なのかな。

ワクワクするなぁ。

○○さんのジェスチャー，とってもわかりやすい！

> 安心のしかけ
> ジェスチャーで表しやすい簡単なお題から始める。

3. 振り返りをする

今回，はじめて「ジェスチャー伝言ゲーム」に取り組みました。どうでしたか？

見ていて，いろいろな仕草があってとてもおもしろかった。

どうやったらわかりやすく伝えることができるのかを，すごく悩みました。でも，おもしろかったです。

人とコミュニケーショを取る際，多くの場合，私たちは言葉を使います。会話や手紙，メールなどです。今回のジェスチャーというやり方も，コミュニケーションの取り方の1つですが，言葉で伝えるより難しかったですね。でも，相手に伝えたいという気持ちをもち，伝え方を工夫することが大事ということもわかったと思います。

――― ＼ 全員安心して参加できるようにするポイント ／ ―――
ゲームというと子どもたちは勝ち負けに執着しがちですが，うまく伝わっても，伝わらなくても楽しむことが大切であることを強調します。言葉以外のコミュニケーション手段を意識させるよい機会にもなります。

教室あそび

集中してカップの動きを見よう！
スタッキングあそび（けん玉）

 時間 10分　 準備物　●スタッキングカップ（1人2個）

慣れていない簡単なあそびに取り組むことを通して，挑戦することの楽しさを味わう。

対象
低学年
中学年
高学年

1.ルールを理解する

今から「スタッキングあそび」をします。手をたくさん動かして，脳を刺激することがねらいです。こういった手先を使ったあそびをすると，脳が活性化すると言われています。勉強のよい準備運動にもなりますよ。今回は「けん玉」です。カップを2つ用意し，重ねて持ちます。下のカップがけん玉の持つ部分で，上のカップが玉のイメージです。重なったカップを勢いよく真上に持ち上げると，上のカップが空中に飛びます。それが回転しながら落ちてきたところを，下のカップでキャッチします。手首のスナップを効かせること，回っているカップをしっかり見ることなどがコツですよ。

2.ゲームを行う

では，カップを受け取った人から始めてください。

難しいなぁ…。

なかなかキャッチできない人は，まずはカップを上から手で落としてキャッチする練習をしてみましょう。

3. 振り返りをする

ほとんどの人が初体験だったと思いますが，どうでしたか？

はじめてやったのですが，思ったよりも簡単にできました。

カップが入ったときの「スパッ」って音が気持ちよかったです！

＼ 全員安心して参加できるようにするポイント ／

おそらく多くの子どもがはじめて体験するあそびであるため，最初はみんなうまくいかず，スタート時の足並みがそろいます。一方で，コツをつかめば簡単にできるようになるので，みんなが達成感を味わうことができます。

クラス全員安心して参加できる学級あそび UD

教室あそび

集中してカップを積み上げよう！
スタッキングあそび（タワー）

 時間　10分　 準備物　●スタッキングカップ（多数）

スタッキングカップでタワーをつくる活動を通して，チームで協力することのよさや楽しさを体感する。

対象
低学年
中学年
高学年

1. ルールを理解する

 今から「スタッキングあそび」をします。今回は「タワー」に挑戦してもらいます。2人組または3人組でカップを慎重に積み上げていきます。倒れても，何度もチャレンジしてみてください。下の方のカップを慎重に積んでいくことなどがコツです。

2. ゲームに取り組む

 では，カップを受け取ったチームから始めてください。高くなるとカップが積みにくくなるので，1個目は床に直接置くといいですよ。

 なかなか難しいなぁ…。

床の段差がない場所に1つ目を置いた方がいいね。

どんどん高くなって,手が届かなくなってきたなぁ…。
先生,どうしたらいいですか?

みんなの背の大きさくらいになったら,いすに乗って,カップを乗せていってください。いすに乗るときは十分に気をつけて,まわりにいる人が補助してあげてください。

じゃあ,私がいすに乗ってやってみるね。

3. 振り返りをする

タワーづくりに取り組みましたが,どうでしたか?

タワーが低いうちは,カップを積むのは簡単でした。

でも,高くなってくると,緊張して手が震えてしまいました…。

カップが高くなっていくのも気持ちよかったけど,最後に壊れてしまったときも何だか気持ちよかったです!

＼ **全員安心して参加できるようにするポイント** ／

スタッキングカップによるタワーづくりは,どの子でも参加できる,ごくシンプルな活動です。一方で,タワーが高くなってくると,積み上げていくのにグループで協力する必要が出てくるので,ハラハラドキドキを共有する中で,仲間と力を合わせることの大切さを学ぶことができます。

教室あそび

集中力を高めよう！
スタッキングあそび（3−3−3）

 時間 10分　 準備物 ●スタッキングカップ（9個×グループ数）
●ストップウォッチ（グループ数）

ねらい
スタッキングカップを積み上げたり回収したりすることを通して，集中して活動に取り組む心地よさを体感する。

対象
低学年
中学年
高学年

1. 取り組み方を理解する

> ここに，9個のカップがあります。これを，3個ずつ3つのかたまりにします。順に下が2個，上が1個の山にしていきます。3つとも山ができ上がったら，今度は逆の順番で山を崩していき，最終的に最初の状態に戻します。この間にかかる時間を計測します。初心者はまず6秒を切ることを目安にしましょう。5秒を切ると中級者，4秒を切ると上級者だそうです。がんばってください！

2. ゲームに取り組む

> 最初に，みんなで動画を見て，動きを確認しましょう。
> 3人グループになって，挑戦する人，タイムを測る人，応援する人に分かれてください。

安心のしかけ
再生速度を落として動画を見せると，どの子も動きをイメージしやすくなる。

がんばるぞ！

3. 振り返りをする

今回，タイムが一番速かったのは…，○○さんです！

やったー！

他のみんなも，1回目より2回目の方がタイムが上がったね。サッカーやバスケットボールと比べて，このスポーツスタッキングは競技人口が少ないので，日本代表も夢ではないそうです。興味のある人はぜひチャレンジしてみてください。

＼ 全員安心して参加できるようにするポイント ／

3－3－3は慎重に進めれば全員ゴールすることができます。タイムが速かった子どもを称賛するだけでなく，みんなが個人内でタイムを伸ばしたことも喜び合いましょう。

クラス全員安心して参加できる学級あそびUD

教室あそび

推理力を働かせよう！
答えは何？

時間 10分　準備物 ●大きめの付箋

ねらい
仲間とのやりとりを通して答えにたどり着くクイズを通して，推理しながら答えを導く楽しさを味わう。

対象
低学年
中学年
高学年

1. ルールを理解する

今から「答えは何？」をします。給食のグループで取り組みます。まず，グループの中で取り組む順番を決めます。1番の人は，答えが見えないように注意しながら，答えが書いてある付箋をおでこに貼ります。そのうえで，グループのメンバーに質問をしていきます。メンバーは「はい」か「いいえ」で質問に答えてください。答えがわかったところで答え，正解したら交代です。

2. ゲームを行う

では，実際にやってみましょう。
グループの中でだれか1人，付箋を取りに来てください。

私が1番目だ。○○さん，目を閉じているから，答えの書いてある付箋をおでこに貼ってもらっていい？

貼れたよ！

 これは「動物」ですか？　　　　　いいえ。

 これは「食べ物」ですか？　　　　はい。

 これは「給食」で出ますか？　　　はい。

 答えは「カレー」ですか？　　　　いいえ。

 答えは「揚げパン」ですか？　　　そうです！

 やったー，正解だ！

3. 振り返りをする

 取り組んでみて，どうでしたか？

 何度も質問していく中で少しずつ答えに近づいていく感じがとてもおもしろかったです。

＼ 全員安心して参加できるようにするポイント ／

このあそびは，正解するまで何度でも答えを言うことができるので，クイズに苦手意識がある子どもや，勝ち負けへのこだわりが強い子どもも，抵抗なく参加することができます。

教室あそび

クラス全員安心して参加できる学級あそび UD

教室あそび

楽しみながら筋肉をリラックスさせよう！

紙鉄砲

 時間 10分　 準備物 ●紙鉄砲をつくる紙

紙鉄砲をつくってみんなで鳴らすことを通して，楽しみながら肩の筋肉などをリラックスさせる。

対象：低学年／中学年／高学年

1．ルールを理解する

 今から「紙鉄砲」をつくって遊びたいと思います。活動のねらいは「肩回りの筋肉を動かしてほぐすこと」です。タブレットを使うことが増えて，もしかしたら肩こりを感じている人もいるかもしれません。紙鉄砲をつくって遊ぶことで，楽しみながら肩回りの筋肉をほぐしましょう。

2．紙鉄砲をつくる

 では，紙鉄砲をつくりたいと思います。1人に1枚紙を配ります。もらった人から，黒板に貼ってあるつくり方を見てつくっていきます。そんなに複雑ではありませんが，わかりにくいところは先生やまわりの人に聞いてください。

 がんばるぞ！

3. 紙鉄砲で遊ぶ

パンっと大きな音が鳴って、うれしいなぁ。

ボールを投げるときの動作と同じだ。

みんなで一度に鳴らしたらどんな感じかなぁ。

最後にみんなで一緒に鳴らしたいと思います。準備はいいですか？　では、せーの！

すごい音！

4. 振り返りをする

紙鉄砲をやってみてどうでしたか？

いい音がしてうれしかったです！

肩が何となく軽くなった感じがします！

＼ 全員安心して参加できるようにするポイント ／

　学級の実態によっては、つくり方を細かく示した紙を各自に配付することで取り組みやすくなります。黒板や大型モニターに映すだけで大丈夫な場合も、教室を回って、苦手な子どもには教師が個別対応していきます。

教室あそび

クラス全員安心して参加できる学級あそび UD

教室あそび

みんなでドキドキを共有しよう！
爆弾ゲーム

 時間 10分　 準備物 ●ドッジボール　●音源　●風船

少しハラハラするゲームに取り組むことを通して，みんなで一緒に活動する楽しさを味わう。

対象
低学年
中学年
高学年

1.ルールを理解する

> 今から「爆弾ゲーム」をします。席に座ったまま行います。最初の爆弾はドッジボールです。黒板に書いた順番で爆弾を回してもらいます。曲を流すので，曲が流れている間は爆弾を順に動かしていってください。曲が終わったときに爆弾を持っていたら爆発してしまう，というゲームです。

2. 1回目を行う

では、実際にやってみましょう。何か質問はありますか？

曲が終わったときに2人の間に爆弾があったらどうしますか？

その場合は、じゃんけんで決めてください。では、始めます。

3. ルールを変えて2回目を行う

みんな上手ですね。では、ここからが本番です。爆弾を少し危険なものにします。今度の爆弾はボールではなく、風船です。風船が破裂してしまったら、それも爆発です。素早く、慎重に隣の人に渡してくださいね。

うわ〜、本当に危険だ！

わーっ、割れそうで怖い！

みんながとても慎重だったので、爆弾は途中で破裂しませんでしたね。よかったです。

＼ 全員安心して参加できるようにするポイント ／

ボールの回し方を工夫することで、机やいすを移動させることなく取り組むことができます。また、罰ゲームなどはせず、ドキドキハラハラをみんなで楽しみましょう。

教室あそび

重さを想像しよう！
目指せピッタリ100g

時間 20分

準備物
- おもり
- 電子天秤

ねらい

身の回りにあるものの中から指定された重さのものを探す活動を通して，重さの感覚を育む。

対象
低学年
中学年
高学年

1. ルールを理解する

今から「目指せピッタリ100g」をします。これは先日算数で取り組んだ「重さ」の学習を生かしたゲームです。4人グループには25g，5人グループには20gのおもりを渡します。グループのメンバーがそれぞれ自分でその重さに近いと思う身の回りのものを探します。最後に全員のものを合わせて，電子天秤で重さを量ります。100gに近いチームが優勝となります。

2. それぞれが身の回りのものを探す

では，実際にやってみましょう。グループでだれか1人がおもりを取りに来てください。戻ったら，それを利用してそれぞれが1つずつ重さが同じだと思うものを探してください。

安心のしかけ
何度も基準となるおもりと比べることを促す。

25gのおもりって、これぐらいの重さなんだ。

 20gのおもりと比べてみると、私の消しゴムは少し軽いような気がするなぁ…。

 両手に持って重さを比べることはしたことがなかったけど、意外と難しいなぁ…。

3. 集めてきたものの重さを量る

 では、出席番号1班から順番に、量っていきましょう。

 ぼくたちはかなりいいところまでいっていると思うんだ。

 1班、96.5gです。これはかなりいい数値なのでは！

 やったー、うれしい！

 すごいなぁ。ほとんど差がない！

＼ 全員安心して参加できるようにするポイント ／

どの子も簡単に取り組むことができ、算数の得意不得意には左右されず楽しむことができます。また、グループで取り組むことで、一人ひとりには誤差があっても集めると100gぴったりに近づくなど、偶然の要素もあってゲーム性が高まり、盛り上がります。

教室あそび

楽しみながら眼を休めよう！
ブラインドタイムアタック

 時間　3分　 準備物　●ストップウォッチ

机に伏せ，感覚で1分を当てる活動を通して，楽しみながら普段酷使している眼を休める。

対象
低学年
中学年
高学年

1.ルールを理解する

今から「ブラインドタイムアタック」をします。活動のねらいは，タブレットの学習でたくさん使った眼を休ませることです。スタートの合図とともに眼をつぶって机に伏せ，心の中で「1，2，3…」とカウントをしてください。そして，自分で1分間経ったと思ったところで，静かに手をあげてください。終わりの合図を出すまでは，眼を閉じておいてください。最も1分に近かった人が優勝になります。

2.ゲームを行う

そろそろ始めます。準備はいいですか？
では，よーい，スタート！

（1，2，3，4，5…）

(56, 57, 58, 59, 60！)

3. 振り返りをする

今回最も1分に近かったのは、○○さんです。
誤差はなく、1分ジャストでした！

すごい！

○○さん、すごいですね。どんなことに気をつけたの？

集中すると早く数えてしまいそうだから、なるべくゆったり数えました！

＼ 全員安心して参加できるようにするポイント ／

ごく短時間でできるゲームです。何度も行うのではなく、気分転換を目的としてパッと行い、パッと終わります。

教室あそび

言葉を推理しよう！
辞書クイズ

時間　10分

準備物　●国語辞典

グループ対抗で辞書クイズに取り組むことを通して、友だちと協力して言葉を推理することを楽しむ。

対象　低学年　中学年　**高学年**

1. ルールを理解する

> 今から「辞書クイズ」をします。先生が辞書のあるページにある言葉の説明を読みます。それは何という言葉の説明なのかを考えてください。例えば、「体は細長く、緑色または褐色。前脚は鎌状に曲がり、他の小動物を捕獲する。頭は三角形で左右に大きな複眼をもつ」という説明があります。何の説明かわかりますか？　答えは「カマキリ」です。取り組む際には給食のグループを使います。相談するときに声が大きいと他のグループにヒントを与えることになってしまうので気をつけてください。わかったグループはだれか1人が先生のところまで来て、小さな声で答えを伝えてください。合っていればポイントの獲得となります。

2. クイズを行う

> 机を給食のグループにしてください。

どんな問題だろう…。

 それでは、第1問です。「昆虫、体長4～5cm、体は黒褐色で、オスは頭に角をもつ。主に夜に活動し、クヌギなどの樹液を吸う」。小さな声で相談して、だれか1人が前まで言いに来てください。

 昆虫で角があるって言っていたから、カブトムシじゃない？

3. 振り返りをする

 辞書クイズに取り組んでみてどうでしたか？

 言葉をいろいろ想像するのがとてもおもしろかったです。家でもやってみたいと思いました。

＼ 全員安心して参加できるようにするポイント ／

　言葉を使ったあそびは、運動あそびと比べ、多くの子どもが抵抗感なく参加できます。日頃から言葉に関する感覚を高めるような活動（あそび）に取り組んでいくとよいでしょう。

教室あそび

楽しみながら覚えよう！
地図記号ビンゴ

 時間 20分　 準備物 ●ビンゴカード（5×5マス）
●地図帳

ビンゴゲームを通して，楽しみながら地図記号の理解を深めたり，覚えたりする。

1. ルールを理解する

今から「地図ビンゴ」をします。ビンゴカードを配ります。5×5で25マスあります。地図帳などを見ながら，1枠に1つずつ地図記号をかき入れていきます。みんなの準備ができたところで，ビンゴを始めたいと思います。

2. 準備を行う

では，実際にやってみましょう。ビンゴカードを配るので，地図帳などを見ながら25個のマスを埋めていってください。

私は珍しい感じの「発電所」が好きだけど，ビンゴだと出てこないだろうなぁ…。

きっと「学校」は出るはずだ。書いておこう！

3. ゲームを行う

では、出席番号1番の人から順番に、地図記号を言います。自分にとって都合のよいものを言ってください。ただし、自分がビンゴになるものを言うのはなしにしましょう。それと、リーチになった人は「リーチ」と言い、立ってください。やり方について、何か質問はありますか？

ぼくからだね。じゃあ、1つ目は「病院」にします。

次は私。では…「竹林」！

リーチ！

では、次は「灯台」！

ビンゴ！　やったー。○○さん、ありがとう。

リーチ！　あと1つだ。

＼ 全員安心して参加できるようにするポイント ／

地図記号は非常にたくさんありますが、テストや暗記で覚えようとすると、苦痛の伴う無味乾燥な学習になってしまいます。そこで、ビンゴにして、楽しみながら取り組む中で地図記号の理解を深めていくと、どの子も抵抗なく取り組むことができます。

教室あそび

みんなで運試しをしよう！
おみくじづくり

 時間 15分　 準備物 ●白紙

ねらい
引いた人の気持ちを考えながらおみくじをつくる活動を通して，相手を労わることができるクラスの雰囲気を醸成する。

対象 低学年／中学年／高学年

1. ルールを理解する

> 今から「おみくじづくり」をします。おみくじは正月に神社などで引くもので，大吉や凶などがあります。今回は，自分たちでくじをつくり，でき上がったものをみんなで引くという活動をします。まず，どのくじをつくってもらうのかを決めます。大吉から大凶まであるので，引いたもののおみくじをつくってもらいます。それぞれのくじに応じた内容を書いてください。用紙（Ａ５サイズ）には欄が4つあります。学業運，健康運，金運の3つはすでに印刷されています。残りの1つは項目を自分で決めてください。例えば，勝負運，ラッキーアイテムなどです。つくる際に注意してもらいたいことがあります。凶など悪いものは，引いた相手を労わる言葉を選んでください。例えば，健康運で悪いものを書くときには「偏食をすると体調を崩す可能性があります。バランスよく食べましょう」といった感じです。自分自身がそのくじを引いたとして，嫌な気持ちにならないような言葉遣いを考えながらつくってくださいね。

2. おみくじをつくる

では,まずは大吉から大凶までが書かれている小さな紙を引きます。引いたもののおみくじをつくってください。早くできた人は色づけをしたり,イラストをかいたりしてください。

うわっ,大凶だ,書きにくいなぁ…。

3. でき上がったおみくじを引く

では,でき上がったおみくじを混ぜたので,順番に引いていってください。全員同時に確認したいので,合図があるまで紙は折ったまま持っていてください。

あっ,小吉だ! 学業運は「予習復習をきちんとするとテストで良い点が取れる」。金運は「夏に臨時収入があるかも」。健康運は「寝不足には気をつけて」。ラッキーアイテムは「シャケのおにぎり」。まあまあという感じかな。

私は凶だ。「食べ過ぎに気をつけて」「テストのときの忘れ物に注意」「きちんと信号を守りましょう」と書いてある。気をつけよう。

> ＼ 全員安心して参加できるようにするポイント ／
>
> 凶などの悪いくじを考えるときに,相手のことを労わる言葉の使い方を学ぶことが重要です。学級の実態によっては,例文を配るなどしてもよいでしょう。

教室あそび

仲間の考えを想像しよう！
思いは1つ

 時間 10分　 準備物 なし

ねらい
グループで答えを予想し合いながら答えるゲームに取り組むことを通して，仲間との一体感をつくり上げる。

対象 低学年／中学年／高学年

1. ルールを理解する

今から「思いは1つ」をします。このゲームはグループで取り組みます。例えば「夏の果物と言えば？」のように，先生がお題を出します。それぞれの人がグループの他の人の答えを見ないようにしながら，自分の考えた答えを紙に書きます。「オープン！」という合図で見せ合います。全員が同じもの，例えば「スイカ」と書かれていたら1ポイント獲得です。

2. ゲームに取り組む

では，やってみましょう。紙や書くものの準備は大丈夫ですか？では第1問，お題は「冬のスポーツと言えば？」です。他の人の答えを見ないよう，見られないように自分の考えを書いてください。

うわ〜，あれとあれで悩むな…。

なるべく声も出さないようにしてくださいね。
また，1人だけ違う答えを書いてしまった人がいた場合も，その人を責めないということを約束しましょう。

みんな同じだ。やったー！

あ～，スケートかぁ。スキーと迷ったんだ。惜しいなぁ。

では，第2問にいきます。今度は少し難しい問題です。
お題は「先生が一番好きな給食のメニューは？」です。

うわ～，これは難しいなぁ…。

3.振り返りをする

取り組んでみて，どうでしたか？

グループの人が何を書くのか想像するのがおもしろかったです。

1人だけ違う答えを書いてしまったとき，グループの人が励ましてくれたのがうれしかったです。

＼ 全員安心して参加できるようにするポイント ／

仲間が何を書くのかを予想する想像力を働かせることで，一体感が生まれます。また，外した子どもが責められないような言葉かけが大事になります。

教室あそび

とっておきの１枚を共有しよう！
撮影者はだれ？

 時間　20分　 準備物　●タブレット端末

自分のお気に入りの場所やものを撮影し，共有する活動を通して，お互いを尊重する雰囲気を醸成する。

1. 事前準備（写真撮影）について理解する

今から「撮影者はだれ？」をします。タブレットを持って，それぞれが自分がすてきだと思う写真を撮ってもらいます。正解があるわけではないので，いろいろな写真をたくさん撮ってください。撮ることができたら，一番のお気に入りを１つ選んで，先生が用意した場所にデータをアップしてください。みんなのデータがアップされたら，どの写真をだれが撮影したものなのかがわからない状態で見合い，撮影者がだれかを当てたいと思います。

2. 写真撮影を行う

では，撮影の時間にします。時間は20分間です。
他のクラスに迷惑をかけないように注意してください。

よし，いい写真を撮るぞ！

ぼくはあのお気に入りの場所の写真を撮りたいなあ。
たぶん，今の時間なら太陽の光が当たってきれいだと思うんだ。

私は普段使っているお気に入りの文房具にしようかなぁ。

3. 撮影した写真をみんなで見合う

では，先日撮影した写真を，みんなで見ていきましょう。どれがだれのものなのかはわからないようにして順番に見ていきたいと思います。撮影者はだれなのかを想像しながら見てください。もし撮影者がわかったら，手をあげて教えてください。

みんなはどんな写真を撮っているのかなぁ。楽しみだな！

うわ，すてきな写真だなぁ。子どもが撮ったものとは思えない。

みんなすごいな。これはだれが撮ったものだろう…。

いろいろな写真がありますね。どの写真にも，クラスのみんなの個性が表れていて，とてもすてきです。

＼ 全員安心して参加できるようにするポイント ／

写真を撮影するという活動では，文字を書いたり，言葉で話したりするのとは少し質の違った個性が発揮されます。正解があるわけではないので，どの写真にもその子の個性が表れていて，すてきであることを強調します。

教室あそび

仲間と協力して俳句をつくろう！
チームで俳句

 時間 15分　 準備物 ●短冊

3人で1つの俳句をつくり上げる活動を通して，仲間と協力することのよさや楽しさを味わう。

1.ルールを理解する

今から「チームで俳句」をします。3人組になり，3人で協力して1つの俳句をつくっていきます。3人それぞれが短冊を持ちます。テーマに沿ってはじめの5文字を考えます。それができたら，互いに短冊を回します。もらった短冊に書いてある5文字の雰囲気を生かして，次の7文字を考えます。でき上がったら，その短冊をまた回します。5，7を受けて，最後の5文字を考え，俳句を完成させます。俳句には絶対の正解などはありません。グループの仲間の思いをくみ取りながら，つくり上げていってください。

2.俳句づくりを行う

3人グループになったら，だれか1人が人数分の短冊を取りに来てください。もらったグループから始めていきます。テーマは「春」です。

俳句だから，季語を入れないといけないよね。

 はじめの5字は「桜咲き」にしよう。

 はじめは「春の池」かあ。じゃあ「水面光る」にしよう。

 「菜の花の」「苦味味わう」かぁ。難しいなぁ…。字余りだけど，最後は「大人の味」にしよう。

3. でき上がった作品を鑑賞し合う

 では，できた作品をグループで読み合ってください。

 「風に乗り　ほのかに薫る　サクラソウ」です。

 情景が目に浮かぶすてきな作品になったね！

 1人でつくるのとは少し違った感覚なのがわかりましたか？　意外なものができ上がることもあります。これは俳句だけではないのでしょうね。生活のいろいろなところで，仲間と協力をすることで活動や作品の質を高めることができるはずです。

＼　全員安心して参加できるようにするポイント　／

俳句づくりには，絶対の正解などはないものです。どのようなものができ上がってもよいことを事前に伝えておきましょう。グループでつくることで，意外な作品ができ上がることもあります。

教室あそび

意外性を楽しもう！
チームで文章づくり

 時間　15分　 準備物　●記入用紙

仲間と一緒に1つの文章づくりに取り組むことを通して、書くことの楽しさや意外性を体感する。

対象　低学年　中学年　高学年

1. ルールを理解する

今から「チームで文章づくり」をします。座席の列ごとに、5人で協力して1つの文章をつくっていきます。5人それぞれが違った部分を書きます。1人目は「いつ」です。2人目は「どこで」、3人目は「だれが」、4人目は「何を」、5人目は「どうした」です。前後で相談はせず、各自で考えて、後ほどみんなの言葉を合わせて文章にします。テーマを設定するので、それを意識しながら考えてください。5人で自然な文章ができたらすばらしいですが、うまくいかなくても構いません。多くの場合、少しヘンテコな文章になってしまいます。そういったことも含めて、みんなで楽しみながら一緒に活動ができたらと思います。

2. 各自で言葉を考える

始めます。1回目のテーマは「春」です。

082

私は「いつ」を考える役割だ。どうしようかぁ…。

「だれが」はテーマとはあまり関係ないから難しいなぁ…。

3. 言葉を見せ合って文章をつくる

つくったものを確認したら、1列目から前で発表してください。

「入学式の日に」「桜の木の下で」「担任の○○先生が」「弁当箱を」「大事そうに見つめていた」です。

ちょっと不思議な文ができましたね。この活動は、こんな「意外性」を楽しんでください。

＼ 全員安心して参加できるようにするポイント ／

　この活動には正解はなく、むしろ意外な文章ができることが魅力なので、できばえなどを気にせず取り組めるよさがあります。書くことに対する苦手意識を抑える効果も期待できます。

体育館あそび

ペアで協力しよう！
おみこしリレー

⏱ 時間 15分　📝 準備物 ●新聞紙　●テニスボール

ねらい
ボールを落とさないよう協力しながら運ぶ活動を通して、仲間と力を合わせることや作戦を考えることの大切さを体験する。

対象：低学年／中学年／高学年

1. ルールを理解する

今から「おみこしリレー」をします。ここに、新聞紙を2回折って、真ん中にグーくらいの穴が開いたものを用意しました。これとテニスボールを使って、リレーあそびをします。
ルールは次の通りです。
・2人で新聞紙を持ち、新聞紙の上にテニスボールを載せる。
・ボールが落ちないように注意しながら進む。
・ボールが落ちたら、落とした場所からやり直す。
・次のペアには、新聞紙ごとパスする。

2. 1回目を行う

では一度やってみましょう。

真ん中の穴からボールが落ちちゃった！

安心のしかけ
カーブがあると難易度が上がるので、10m程度の直線コースを片道で交代するようにする。

こっちは端から飛び出しちゃったよ!

3. 作戦タイムを取り, 2回目を行う

2回目をやる前に作戦タイムを取ります。どうやったらボールを落とさないで運べるか, 話し合ってみましょう。

新聞紙をピンと張ると端から飛び出ちゃうから, ちょっとたるませた方がいいと思う。

うんうん。あと, 2人の歩く速さが一緒だといいよね。

では, 2回目を始めます。よーい, スタート!

> ＼ **全員安心して参加できるようにするポイント** ／
> 「ミスしたことを責めない」「勝っても負けても楽しむ」ことを約束しておきましょう。ペアを替えながら何度かやることによって, いろいろな子とコミュニケーションを取ることができます。

体育館あそび

クラス全員安心して参加できる学級あそびUD

体育館あそび

トランプの順に並び替わろう！
トランプならびっこ

 時間　10分　 準備物　●トランプ1組

トランプの数字通りに並び替わる活動を通して，友だちとコミュニケーションを図ることのよさや楽しさを味わう。

対象
低学年
中学年
高学年

1. ルールを理解する

今から「トランプならびっこゲーム」をします。まずは，全員で大きな大きな"ましかく"をつくります。次に，列（辺）ごとにトランプのカードを配ります。まだ見ないでくださいね（列ごとに同じマークのトランプを配る）。合図をしたらカードを見て，数字の順に並び替わってください。列のどちらから数えてもOKです。並べたら，全員で「できた！」と叫んでください。どのマークのチームが一番早く並べるか競争です！

2. チーム内だけでならびっこを行う

全員，きれいな"ましかく"に並べましたね。では，カードを見てください！

 安心のしかけ
正方形に並ぶ際は4列縦隊に整列し列ごとに移動するとスムーズ。

8だから端っこだ！　7の人はいる？　こっちこっち！

086

OK？ せーの，できたー！

今回はハートチームの勝ちです！ もう１回やりましょう。チーム内で，３回以上だれかとカードを交換してください。これで，自分の持っているカードの数字がわからなくなりましたね。
では，オープン！

3. 全員でシャッフルして，ならびっこを行う

最後は全員のカードをごちゃまぜにしてやってみましょう！ クラスのいろいろな人と５回以上，カードを交換してください。どこに，どのマークが並ぶのかもみんなで決めてね。では，よーいドン！

スペードの人こっち来てー！！

＼ 全員安心して参加できるようにするポイント ／

繰り返している間に作戦タイムを設けると，コミュニケーションが生まれます。全員でシャッフルするときにタイムを計っておき，それを短くするというチャレンジもおすすめです。

クラス全員安心して参加できる学級あそびUD

体育館あそび

ボール投げが苦手でも安心！
フラフープドッジ

 時間　15分　 準備物　●フラフープ（1人1台）

フラフープを転がしたりそれを避けたりするあそびを通して，巧みな動きや敏捷性を身につける。

対象
低学年
中学年
高学年

1. 用具に慣れる

フラフープでいろいろなあそびをしてみましょう。腰で回したり，ねらったところに転がしたり，縄跳びみたいに跳んだりすることもできますね。

ぼくはバックスピンをかけるよ。戻ってくるんだよ！

私は上に投げてキャッチするよ。

2. ルールを理解する

いろいろなあそび方がありましたね。
では今から「フラフープドッジ」をします。

安心のしかけ
コートの広さは7m四方程度がよい。

どんなことをやるんだろう…？

ルールは次の通りです。
・5人対5人のチームで対戦します。
・攻撃と守備に分かれます。
・攻撃側は1人1つのフープを持ち、コート外から中に向かって転がします。
・守備側の人は、コート内でフープに当たらないように避けます。
・フープに当たってしまった人はアウト、コート外へ出ます。取るのもアウトです。
・1分で攻守交替で、残っていた人数が多いチームの勝ちです。

3. ゲームを行う

では、始めましょう。よーい、スタート！

よーし、いくぞー！　えいっ！

あっ、後ろから来たフラフープに当たっちゃった！

そこまで！　赤チームは残り1人ですね。では、攻めと守りを交代します。白チームはコートに入ってください。

＼ 全員安心して参加できるようにするポイント ／

　ボールを投げる動作は個人の力に差がつきやすいですが、フラフープを転がす動作はそうではありません。アウトになると外に出なければいけませんが、1分という短時間で終わるので、活動量も確保できます。

体育館あそび

手に載せた紙を落とし合おう！
紙々の戦い

 時間 10分　 準備物　●Ａ４サイズの紙　●セロハンテープ

　手に載せた紙を落とし合うあそびを通して，活動を楽しむとともにバランス感覚を養う。

対象　低学年　中学年　高学年

1．ルールを理解する

 今から「紙々の戦い」をします。紙（Ａ４サイズ）を配りますから，長い方を半分に折ることを４回繰り返した後，開かないようにテープでとめてください（約８cm×５cmの大きさになります）。

 １回，２回，３回，４回。テープで３か所をとめて…，できた！

 でき上がった紙を手の甲に載せます。反対の手は背中に回してください。自由に歩き回りながら，自分の載せている紙を落とさないよう他の人の紙を落とします。そのとき，紙を載せている手の指は使えますが，反対の手は使えません。息でフーフーするのも禁止ですし，ぶつかったり蹴ったりはもちろんNGです。紙が落ちてしまった人はその場でしゃがんで待っていてください。

2．１回目を行う

では，実際にやってみましょう。時間は1分です。

こっちに来ないで〜。

よーし，追いかけるぞ！ あ，落としちゃった…。

ピピー，そこまで！ 残っている人に拍手〜。

3. 復活ありルールで2回目を行う

次は落としてしまっても復活できるルールにしましょう。紙が落ちても，「だるまさんがころんだ」と3回言ったら復活することができます。

○○さん，勝負だ！

負けないよ！ そーっと落ちないようにしながら。えい！

あっ，落ちちゃった！ だるまさんがころんだ，だるまさんがころんだ，だるまさんがころんだ！ よし，復活！

> ＼ 全員安心して参加できるようにするポイント ／
> 落とし合いをせず，勝負を避けて逃げてもよいので，様々な子どもに生き残るチャンスがあります。また，復活ありのルールにすることで，失敗しても何度でも再挑戦して楽しむことができます。

体育館あそび

２つのことを同時にしよう！
ぞうきんがけボール運びリレー

 時間 15分　 準備物　●乾いたぞうきん（１人１枚）
●ソフトバレーボール

ぞうきんがけをしながらボールを運ぶという２つのことを同時に行う活動を通して，コーディネーション能力を高める。

対象：低学年／中学年／高学年

1. ルールを理解する

今から「ぞうきんがけボール運びリレー」をします。
・床のぞうきんがけをしながら走ります。
・バトンがわりのソフトバレーボールを，腕で押して転がしながら進みます。
・進んでいる間，ぞうきんから手を離してはいけません。
・コースは体育館の白い線の外側を半周ずつです。ボールが内側に入ってしまったときは，その場所に戻ってやり直しです。
・次の走者は，ボールが届いたらスタートしてもよいです。

2. 練習を行う

１チームずつ練習してみましょう（タイムを計っておく）。

ぞうきんがけで走るの，結構大変だなぁ…。

角を曲がるとき，ボールが飛んでいかないようにしないと…。

3. 本番を行う

各チームとも，練習のタイムを測りました。本番では，このタイムが何秒縮まったかで競います。各チーム，走る順番や作戦を話し合ってください。時間は2分です。

ゆっくりでも確実にボールを運んだ方がいいんじゃない？

コーナーを曲がった後はパスすればいいんだから，ちょっと強めに転がすようにしようよ。

それでは始めます。よーい，スタート！

＼ 全員安心して参加できるようにするポイント ／
　相手チームとの直接対決ではなく，練習時のタイムと比較して縮まった時間で勝負をするため，個人やチームの伸びが大切になります。運動が苦手な子にも「練習より速くなればいいんだよ」と伝えましょう。

体育館あそび

鬼はだれ？
ルーレット鬼

時間 10分

準備物 ●空のペットボトル

ねらい

鬼として追いかけるのか，それとも逃げるのかを一瞬で判断する小さな勝負を繰り返すことを通して，瞬発力を養う。

対象

低学年
中学年
高学年

1. ルールを理解する

今から「ルーレット鬼」をします。鬼になる人を，このペットボトルのルーレットで決める鬼ごっこです。

楽しそう！　どうやってやるの？

まず10人ほどのグループで，バスケットボールのセンターサークル上に等間隔で立ちます。次に代表者1人が中心に立ち，ペットボトルをルーレットのように回転させます。代表者は回転させたら素早く元の場所に戻ってください。回転しているペットボトルが止まったとき，ペットボトルのキャップが指し示している人が鬼になります。すぐに鬼以外の人は逃げ始め，逃げながらみんなで10数えます。カウント10までにだれかにタッチできれば鬼の勝ち。全員逃げきったらみんなの勝ちです。タッチされた人，もしくはタッチできなかった鬼が，次のルーレットを回す係です。

094

2.ゲームを行う

- じゃあ,ルーレットを回すよ。それっ!
- ドキドキ。だれが鬼になるかな。
- 止まった! ぼくが鬼だ!
- 逃げろー! 1,2,3,4…
- タッチされちゃった! でも次は私がルーレットを回せるんだね。
- 判断が遅れるとすぐ捕まっちゃうなぁ…。

> **安心のしかけ**
> 2人のちょうど真ん中で止まったときはやり直す。

＼ 全員安心して参加できるようにするポイント ／

負けてしまったとしてもペナルティがなく,むしろルーレットを回せるという特典つきです。1回の勝負も短いので,何度も繰り返して楽しむことができます。

体育館あそび

どこに隠せば見つからないかな？
ガムテープかくれんぼ

 時間 15分　 準備物　●ガムテープ
●油性ペン

ガムテープを隠したり探したりする活動を通して，安心してドキドキすることを経験する。

対象
低学年
中学年
高学年

1. ルールを理解する

今から「ガムテープかくれんぼ」をします。全員にガムテープを2cmほど配りますから，名前を書いてください。次に，隠すチームと鬼チームに分かれます。鬼チームは一度体育館を出て，廊下で待ってもらいます。その間に，隠す人は体育館内のどこかに自分のテープを貼ります。ただし，ものを動かさないと見つけられない場所は禁止です。のぞき込めば見えるところにしてくださいね。

2. テープを隠す

では鬼チームは外に出ていてください。隠すチームは2分以内にテープを貼って隠してください。

どこにしようかなぁ…。

安心のしかけ
鬼チームのガムテープは服につけておくと邪魔にならない。

3. 鬼チームが探す

全員隠せたようなので、鬼チームが探します。探す時間は3分間です。隠した人たちは、目線でバレないように気をつけてね。

どこだ〜？ ないなぁ…。

安心のしかけ
隠した子たちは、中央のサークルなどに集める。

あっ、○○さんの見っけ！

4. 答え合わせをする

テープを見つけた人は、書いてある名前を発表してください。無事に隠しきれた人はいますか？ その人は、どこに隠していたのか教えてください。

はい！ 私は、ピアノの裏側に貼っていました。

えーっ、そこ探したのに〜。悔しい！

では、役割を交代してもう一度やりましょう！

＼ **全員安心して参加できるようにするポイント** ／

普通のかくれんぼは、ずっと見つけてもらえないと不安になるものです。しかし、このあそびなら時間制限もありますし、自分の隠した場所や鬼が探している様子が見えるので安心してドキドキできます。答え合わせもとても盛り上がります。

体育館あそび

協力して暗号を解き明かそう！
暗号解読ゲーム

時間 20分

準備物
● 番号つきスポットマーカー
（数字を書いた紙でも可）

ねらい

仲間とコミュニケーションを取りながら少しずつ答えに近づいていくゲームを通して，失敗することの価値を知る。

対象
低学年
中学年
高学年

1. ストーリーを聞き，世界観に浸る

皆さんは今，鍵のかかった体育館に閉じ込められてしまいました。ここから脱出するためには，隠された暗号を解読することで扉を開けなければなりません。暗号は0000～9999の数字4桁です（担任が心に決めておく）。このままでは開く確率は1万分の1ですが，体育館に散らばっている，数字が書かれたスポットマーカー（数字を書いた紙）が，どうやらヒント装置のようです。

2. ルールを理解する

ヒント装置を使う際のルールは，以下の通りです。
・4人1組で行動します。最初のグループがスタートラインから装置のあるところまで走り，4人で一緒に1つの数字を触ります。
・数字が暗号と合っていれば「ピンポーン」間違っていれば「ブブー」という音がします（教師が口またはおもちゃで音を出す）。

- 合っていればそのまま次の数字にチャレンジできます。間違ったら，スタートラインまで戻り，次のグループに交代です。交代の際，選んだ数字の情報を共有しても構いません。
- 以上を繰り返し，隠された暗号を解読してください。

3. ゲームを行う

 何もわからないから1にしよう！　　 ブブー！

 違ったー，ダッシュダッシュ！　次頼むね。1じゃなかったよ。

 じゃあ0にする？　　 ピンポーン！

 やった！　じゃあ2つ目は7？　　 ブブー！

 違うか〜。1つ目は0，次，7は違ったよ！

 よし，0の次どうする？　先生の誕生月の6にしてみる？

 あっ，それいいかも！

＼　**全員安心して参加できるようにするポイント**　／

「失敗は成功のもと」という言葉を実感することができる活動です。人が成長するために，失敗することは欠かせません。「ブブー！」のたびにゴールに近づいているということ，「失敗ははずかしいものではなく学習の支えになるものだ」ということを伝えていきましょう。

体育館あそび

感覚を研ぎ澄まそう！
気配切り

 時間 15分　 準備物 ●柔らかい剣（ウレタン棒など）
●目隠し

ねらい

目隠しをしながらのチャンバラあそびを通して，楽しみながら集中力や五感（視覚以外）を研ぎ澄ます。

対象：低学年／中学年／高学年

1. ルールを理解する

今から「気配切り」をします。目隠しをし，柔らかい剣を持ち，音や空気の動きなどの「気配」を感じ取って相手を切ることができた人の勝ちです。詳しいルールは次の通りです。
・1対1で対戦します。試合時間は2分です。
・「礼」に始まり，「礼」に終わります。
・剣を振るのは縦のみとします（横振り禁止）。
・剣を振るのは1人5回までとします。
・2分経過または5回ずつ振って空振りだった際は引き分けです。
・審判が勝敗を判定します。

2. 試合を行う

では4か所に分かれて試合をやってみましょう。互いに5m離れ，目隠しをして，その場で3回まわったら試合開始です。

- （目隠ししていると全然わからない。このへんかな）ブンッ！
- （空振りの音がしたぞ…。ここだ！）バシッ！
- 当たり！　勝負あり！
- あー，切られちゃった！　悔しい〜。
- 互いに礼！　ありがとうございました！
- 今回は1対1の試合だけでしたが，トーナメント戦を開いたり，4人同時に戦ったりするのも楽しいですよ。

＼ 全員安心して参加できるようにするポイント ／

運動能力などに左右されず，だれでも楽しめるあそびですが，剣の振り方などの安全面の配慮とともに，相手に対する「礼」をわきまえることも強調します。

体育館あそび

バランスを崩さず走りきろう！
膝立ちレース

 時間 15分　 準備物 ●マット

ねらい
膝だけで立って走る活動を通して，バランス感覚を養うとともに，普段の走力からは予想のつかないレースを楽しむ。

対象
低学年
中学年
高学年

1. ルールを理解する

 玄関で靴を履いた後に忘れ物をしたことに気づいて，靴を脱ぐのが面倒だからと，膝だけで歩いて取りに行ったことがある人？

 あはは，あるある！

 そんな膝立ち歩きで，今からレースをします。マットをつなげてコースをつくったら，膝だけで立って走ります。膝以外の場所（上履きなど）はつけてはいけませんよ。

2. レースを行う

 最初は1対1でやってみましょう。第一レース，よーいドン！

 速く走ろうとするとバランスを崩して転んじゃう。難しい！

膝だけで立つのが難しい子がいる場合、全員膝から下がマットに着いてもよいルールにする。

腕はしっかり振るのがいいかな？それとも広げてバランスを取った方がいいのかな？

次はリレー形式で遊びましょう！
直線コースにしますか？
それとも1周回ってくるコースにしますか？

マットをたくさんつなげて、1周するコースがいいです！

では、このコースを1人1周することにします。
チームで作戦や順番を決めてください。
2分後にスタートします！

＼ 全員安心して参加できるようにするポイント ／

日常生活ではあまり経験がない動きのため、通常の運動能力通りとはいかず、意外な子が活躍することもよくあります。

体育館あそび

全員で協力してボールを突き続けよう！
アースボールチャレンジ

 時間 20分　 準備物　●ビーチボール（ソフトバレーボール）

ビーチボールを落とさないようにグループで協力して突くあそびを通して，楽しみながら信頼関係を深める。

対象
低学年
中学年
高学年

1. ルールを理解する

今から「アースボールチャレンジ」をします。ルールは4つです。
①ビーチボールが地面に落ちないようにボールを上に突きます。
②ボールを突いた回数をみんなで数えます。
③床に落ちたら，1からもう一度始めます。
④手で突きます（足でけったりヘディングしたりは禁止）。

2. 練習を行う

では，5～6人のグループで輪になってやってみましょう。

どうですか，最高で何回ぐらい続きましたか？

20回続きました！

1人何回くらい突けましたか？

私，1回も突けてない…。

> **安心のしかけ**
> 1回も突けていない，または極端に回数が少ないメンバーがいないかを確認します。

3. 新たなルールを加えて練習を行う

たくさん突いた人がいる一方で，そうじゃない人もいますよね。では，新しいルールを加えます。
①全員が1回ずつ突き終わるまで，その先の数はカウントされない。
②同様に，全員が2回突き終わるまで，その先の数はカウントされない（以降同様）。
みんなで協力すること，作戦を立てることが大切です。チャレンジタイムは5分です。まずはさっきの回数を目標にしてみましょう。

4. 作戦会議を行い，本番にチャレンジする

私は苦手だから最初がいいと思う。それで，得意な人を後にしてフォローしてもらいたい。

いいと思う！　それから，次の人が突きやすいようにちょっと高めに突くことを意識してみない？　じゃあいくよ！

> **＼ 全員安心して参加できるようにするポイント ／**
> 　個人のうまい下手にこだわらず，メンバー全員で協力して目標を達成することを大切にします。失敗した人を責めないことや，「ドンマイ！」「大丈夫だよ」といったポジティブな声かけを意識させましょう。

体育館あそび

あなたを守ってくれる天使はだれ？
ガーディアンエンジェル

 時間　10分　 準備物　なし

ねらい
決められた形をつくる活動を通して，みんなが1つになる一体感や，課題をクリアした達成感を味わう。

対象　低学年　中学年　高学年

1. 世界観を共有する

今から「ガーディアンエンジェル」をします。悪霊がこのクラスのみんなをねらっています。皆さんが助かる方法はただ1つ，天使に守ってもらうことです。今から心の中で2人の天使を決めてください。クラスの中の男子1人と女子1人を選びましょう。

2. ゲームを行う

悪霊は正三角形が苦手です。自分と天使2人の3人で，正三角形ができるように移動してみましょう。ただし，ゲームの間，天使の名前を口に出してはいけません。クラスでたくさんの正三角形ができるはずです。

安心のしかけ
単純に「正三角形をつくりましょう」と進めるのではなく，ストーリーを話すことで雰囲気が出る。

天使の2人も動いちゃうから，難しいなぁ。

 あっ，うまくできた！

 たくさんの正三角形を見て，悪霊がひるんでいます。次は天使2人と直線をつくって攻撃しましょう。自分が真ん中でも，天使が真ん中でもいいですよ。

 すごい，全員一列になったよ！

 いよいよ最後の攻撃が来ます。天使2人の間に入って，守ってもらいましょう！　全員が助かることはできるでしょうか？

 必ず2人の間に入るの？　できる？　先頭の人は入れないよ…。

 わかった！　みんなで輪になったらいいんじゃない？

 そうか，それならみんなが天使2人の間に入れるね！

 すばらしい！　皆さんがつくった輪の力によって，悪霊は退散していきました！　これからも，みんなの輪を大切にしていこうね。

> ＼　全員安心して参加できるようにするポイント　／
> 天使に選んだ人の名前を言わないことで，「だれがだれを選んだのか」ということを気にせずに安心して活動することができます。

外あそび

竹とんぼをうまく着地させよう！
カエデ大作戦

 時間 15分　 準備物 ●竹とんぼ

ねらい
的に向かって竹とんぼを飛ばしたり，支え合いながら拾ったりする活動を通して，友だちとの信頼関係を高めたり一体感を味わったりする。

対象
低学年
中学年
高学年

1. 竹とんぼに慣れる

 今日は竹とんぼで遊びましょう。うまく飛ぶように練習してみてください。2人組で，飛ばしたものを受け合うのもいいですね。

 たくさん飛んだよ！

安心のしかけ
人の顔の前で飛ばさないよう指導する。

2. ルールを理解する

 今から「カエデ大作戦」をします。皆さんカエデ（モミジ）の種がどうやって運ばれるか知っていますか？ 竹とんぼみたいにクルクル回って飛んでいくのです。遠くまで種を運ぶための知恵ですね。皆さんは竹とんぼをカエデの種に見立て，ここのラインから二重円（直径1mと3m）の内側の円の中に着地させるように飛ばしてください。何回でもやり直せますが，二重円の中に入ることはできません。ただ，地面を触らなければ竹とんぼを拾うことはできます。

安心のしかけ
スタートラインから円の中心までは5m程度が目安（実態に合わせて調整する）。

手が届かなかったらどうすればいいと思いますか？

だれかに支えてもらう！

いいですね！　まわりと声をかけ合い，拾っているときに他の人は竹とんぼを飛ばさないようにしてくださいね。

3. ゲームを行う

さぁ，いくつ入れられるかな？　スタート！

あぁ，間に落ちちゃった。○○さんは入ったの？　すごいね！ぼくが拾うのを手伝ってくれる？

＼ 全員安心して参加できるようにするポイント ／

短い時間（3分程度）で区切って点数を記録し，作戦タイムを取って，2回目以降は最高記録をねらうというやり方がよいでしょう。円に入れることができた子は，他の子のサポートに回るようにします。

クラス全員安心して参加できる学級あそびUD

外あそび

タッチして仲間を増やそう！
宇宙人鬼

 時間　10分　 準備物　なし

ねらい

いろいろな宇宙人になりきる鬼ごっこを通して，勝敗を気にしなくても楽しめることを体験する。

対象　低学年　中学年　高学年

1. ルールを理解する

今から「宇宙人鬼」をします。皆さんには，「あたま星人」「おなか星人」「おしり星人」という宇宙人のどれかになってもらいます。自分がどの宇宙人なのかわかるように，次のようにしてください。
・あたま星人は，片手をあたまに乗せます。
・おなか星人は，片手をおなかに当てます。
・おしり星人は，片手でおしりを押さえます。
これらの宇宙人は，地球に来たばかりで重力に慣れていないため，走ることができません。必ず，早歩きで移動するようにしてください。宇宙人は自分たちの仲間を増やしたいと考えていて，他の宇宙人をタッチすることで，自分の仲間にすることができます。相手にタッチされたら，押さえている場所を変えて別の宇宙人になってください。同時タッチはじゃんけんです。終わったときに一番人数が多い宇宙人チームの勝ちです。

2. ゲームを行う

 逃げられる範囲は4つのコーンの中だけです。タッチするときは，自分が何星人なのかわかるように，「あたま」とか「おしり」と教えてあげてくださいね。では，スタート！

> 安心のしかけ
> 範囲を指定し，早歩きで行うことで走力に左右されずに楽しむことができるようにする。

 タッチ！　おしり星人だよ！

 しまった〜。よし，今度はおしり星人としてがんばらなきゃ！

はい，ここまでー！　一番多かったおしり星人の勝ちです。

＼　全員安心して参加できるようにするポイント　／

一応勝負はつきますが，ゲーム終了時には最初のチームと違う宇宙人になっていることも多いです。勝ち負けなんてどうでもよくなることが多く，「勝っても負けても楽しい」を体験することができます。

外あそび

最高記録にチャレンジ！
長縄くぐり

時間　15分

準備物
●長縄
●ストップウォッチ

協力して記録に挑戦する活動を通して、チャレンジ精神や思いやりの気持ちを育む。

対象
低学年
中学年
高学年

1. ルールを理解する

今から「長縄くぐり」をします。だれか先生と一緒に、縄を回してもらえますか？

はーい、やります！

ありがとう。みんなは1人ずつ、回っている縄の中を走って通り抜けます。3分間で何回できるかチャレンジしましょう。

跳ばなくてもいいんだね…。それならできそう！

2. 練習を行う

では、練習してみましょう。地面に縄がついて「パシッ」っていう音がしたときに入るといいですよ。

入るタイミングがわからない…。

1, 2の3でいこう。いくよ、いーーち、にーーの、さん！

3. 時間を計って最高記録を目指す

では、3分間で何回できるかチャレンジしてみましょう。みんなで数えてね。引っかかってしまっても、続きから数えるから安心してね。あと、引っかかった人には「ドンマイ！」と優しく声をかけてね。

いーち、にーい、さーん、しーい…

1回目の記録は○○回でした。次は何回を目標にしようか？

＼ 全員安心して参加できるようにするポイント ／

縄に入るタイミングがつかめない子がいるときは、次の人が背中を押してあげたり、縄の回し手がゆっくり回してあげたりするなど、みんなで協力する姿勢を大切にしましょう。引っかかった人を責めず「ドンマイ！」と励ますことも約束しておきましょう。

外あそび

鬼が追われる!?
さかさ鬼

時間 10分

準備物 なし

ねらい
役割がさかさまの鬼あそびを通して，走力に関係なくだれでも楽しめることのよさを体感する。

対象
低学年
中学年
高学年

1. ルールを理解する

> 今から「さかさ鬼」をします。このあそびは，通常の鬼ごっことは役がさかさまになります。つまり，鬼になった人が逃げて，鬼以外の人が全員で追いかけます。鬼にタッチできた人は，自分も鬼になることができますよ。

> 鬼はタッチされたら交代ですか？

> いえ交代ではなく，どんどん増えていきます。鬼の人は，タッチされてもそのまま逃げ続けてくださいね。

2. ゲームを行う

> では，最初は先生が鬼をやりますね。

よーし，先生を捕まえればいいんだね！

そうです。では，全員紅白帽をかぶりましょう。先生にタッチして鬼になれたら，帽子を脱いで逃げてください。先生だけでなく，新しく鬼になった人を追いかけてもいいですよ。
では，よーい，スタート！

わーっ，先生を追いかけろー！

ピピー！　ここまでにします。

3. 鬼を交代して行う

1回戦終了です。次は，今鬼になれなかった人が鬼になってやりましょう。みんな帽子をかぶって。よーい，スタート！

よーし，今度は鬼だから逃げるぞー！

このルールならタッチされても嫌じゃないね。楽しい！

＼ 全員安心して参加できるようにするポイント ／

普通の鬼ごっこは，1人または少人数の鬼が追いかけるので，ねらわれていない子が暇になってしまったり鬼がタッチできずに辛くなったりします。しかし，このさかさ鬼は短時間で終わりますし，鬼の子も全員が走り続けるため，暇になる子が出ません。

外あそび

歩いて追いかけよう！
ペア鬼

| 時間 | 10分 | 準備物 | ●ライン引き（スポットマーカー） |

ねらい
ペアで歩いて行う鬼あそびを通して，まわりを見てぶつからないように避けたり，他の人を壁として使ったりと思考力，判断力を高める。

対象
低学年
中学年
高学年

1. ルールを理解する

今から「ペア鬼」をします。まず全員で手をつないで，大きな輪をつくりましょう。この輪の大きさが，逃げる範囲です（ラインを引くか，スポットマーカーを置く）。

結構狭いね…。

次にペアをつくります。出席番号1番の○○さん，右隣の人と手をつないでください。同じように順番にペアをつくっていきましょう。ペアができたら，その2人だけで歩く速さの鬼ごっこをします。ペアでじゃんけんをして，逃げる人と鬼を決めましょう。

じゃんけん，ポン！
ぼくが鬼だね。

安心のしかけ
ペア決めを自由にすると不安をもつ子がいるため，教師側で指定する。

116

タッチされたら，キーワードを3回言ってから今度は鬼になって追いかけます。2人だけのキーワードを決めましょう。例えば，ことわざや歌のタイトル，「だるまさんがころんだ」など，少し長い言葉の方がいいですね。

キーワードかぁ，何にしようか…？

「ヘラクレスオオカブト」にしようよ！

2．ゲームを行う

必ず歩いて行いましょう。走ってはいけません。ぶつかって痛い思いをしないように，両手を胸の前に出してガードしながら歩きましょう。タッチするときは伸ばしていいですよ。では，スタート！

他の人を避けながら逃げるの難しい～。

追いつきそうだったのに他の人がいてタッチできなかった。残念！

あ～，タッチされちゃった。ヘラクレスオオカブト，ヘラクレスオオカブト，ヘラクレスオオカブト！　あれれ，どこ行った…？

＼　全員安心して参加できるようにするポイント　／

「逃げられる範囲を決める」「歩いて行う」という2つのルールがあることで，走力にかかわらず全員が楽しむことができます。短い時間でペアを替えながら，繰り返し行うとよいでしょう。

外あそび

途中で負けたら一からやり直そう！
じゃんけんボウリング

 時間　15分　 準備物　なし

じゃんけんに勝ち続けないとゴールできないあそびを通して，あきらめずに何度でも挑戦する態度を養う。

対象
低学年
中学年
高学年

1. ルールを理解する

> 今から「じゃんけんボウリング」をします。まずは攻撃チームと守備チームに分かれます。守備チームは1列目＝4人，2列目＝3人…のように三角形に並びましょう。攻撃チームは，守備の前の列から順にじゃんけん勝負をします。勝ったら次の列へと進んでいきますが，一度でも負けたらスタートラインからやり直しです。最後まで勝ち上がった人は，ゴールラインに並びましょう。制限時間2分間で何人がゴールできるか勝負です。

2. ゲームを行う

> 攻撃する赤チームはスタートラインに並んでください。同じ列なら，だれと勝負してもいいですよ。よーい，スタート！

> じゃんけん，ポン！　勝った！　次，じゃんけん，ポン！

118

ゴールに着いた人は仲間の応援をしましょう。残り30秒です。

最後の1人まで来た！　じゃんけん，ポン！　あー，負けた！

負けてもあきらめず，何度も挑戦できましたね。攻守交代です。

今度は守りだね。だれがどこを守ろうか？

ゴールできた人はじゃんけんが強いから，後ろをお願いしようよ。

それはいいアイデアだね，そうしよう！

＼ 全員安心して参加できるようにするポイント ／
　1回の攻撃を短い時間にし，攻撃と守備を繰り返して合計得点で勝敗を決めるようにすると，ゴールした子が暇になりません。ゴールできた順に後ろの列から守るようにすると交代もスムーズになります。

外あそび

いろいろな運び方でリレーしよう！
はさんでボール運びリレー

 時間 10分　 準備物　●ソフトバレーボール

身体のいろいろな部位でボールをはさんで運ぶ活動を通して、友だちと息を合わせたり協力したりする楽しさを味わう。

対象
低学年
中学年
高学年

1. ルールを理解する

今から「はさんでボール運びリレー」をします。スタートラインからゴールライン（距離は10m程度）まで、ペアでボールを運びます。運ぶときは、指定された体の部位でボールをはさんでください。例えば、腕と腕と言われたら、2人の腕同士でボールをはさんで進みます。途中で落としてしまったらその場からやり直しです。ゴールラインまで進めたら、手をあげて次の走者に合図してください。

2. 手のひらではさむ

はじめは簡単に、手のひら同士ではさみましょう！

じゃあいくよ！　スピード合わせていこうね。

これは結構簡単だね！

3. おでこや背中ではさむ

では,ペアを替えて,次はおでことおでこではさんで進みましょう。よーい,スタート!

おでこ同士ではさむなら,カニ歩きで歩いた方がいいよね?
あっ,落としちゃった! 難しい〜。

最後は背中ではさんでみましょう。

> **安心のしかけ**
> ボールは大きめ&柔らかめだとやりやすい。

これは難しいぞ〜。

他にも,身体のいろいろなところではさんでみよう!

＼ 全員安心して参加できるようにするポイント ／

リレー形式にせず,運ぶだけでも楽しい活動です。身体の部位を書いた紙を用意し,どこではさむのかランダムに決めるのもよいでしょう。おでこと背中など,違う部位ではさむのもおもしろいです。

外あそび

どんどん巨大化していこう！
マンモス鬼

時間 10分

準備物
●鉄棒補助パッド
（水道管カバーでも可）

鬼同士が次々と手をつないでいくあそびを通して，触れ合うことへの抵抗感をなくしたり，一体感を味わったりする。

対象
低学年
中学年
高学年

1. ルールを理解する

> 今から「マンモス鬼」をします。鬼を２人決めたら，鬼同士で手をつなぎます。２人とも外側の手に牙（鉄棒補助パッド）を持ったらマンモスのでき上がり。鬼は手をつないだまま追いかけ，牙で逃げている人をタッチします。タッチは優しくお願いしますね。タッチされた人はタッチした人から牙を受け取り，鬼の一番外側に加わります。どんどんマンモスが巨大化していきますよ。

2. １回目を行う

> では，よーい，スタート！

安心のしかけ
あらかじめ，逃げられる範囲を決めておく。

> 右の方に行こう！　よし，タッチ！

> ぼくも鬼になるんだね。よーし，あっちの方をねらおうよ！

122

ちょっと，左右で引っ張り合ったらうまくいかないよ。ねらいを決めようよ！

列が長くなったから，囲むようにして端っこに追い込もう！
あっ，惜しい！ 逃げられた〜。

なんだか鬼の子たちも楽しそうだなぁ。

3. 鬼を替えて2回目を行う

では，最後まで捕まらなかった人の中から次の鬼を選びます。2回戦目は早歩き限定でやってみましょう！

＼ 全員安心して参加できるようにするポイント ／
タッチされても鬼になって牙を持てることで，タッチされることへの抵抗感が生まれにくくなります。牙を持つ子も次々と変わるため，たくさんの子が経験することができます。

外あそび

ハンターの投げるボールを避け続けよう！
ハンタードッジボール

時間　15分

準備物
●ソフトバレーボール
（柔らかめのボール）

投げるだけ，避けるだけに特化したドッジボールを通して，ボールを投げる楽しさや避けるスリルを楽しむ。

対象
低学年
中学年
高学年

1.ルールを理解する

今から「ハンタードッジボール」をします。このゲームでは，カモを仕留めるためにひたすらボールを投げるハンター役と，ボールに当たらないように避け続けるカモ役に分かれて遊びます。まず，カモ役になった人たちはコートの中に入ってください。ハンター役の人たちはコートの外から，カモたちに向かってボールを投げ続けます。ボールはチーム全員で3個です。

カモたちは，ハンターが投げたボールに当たらないよう，ひたすら避けてください。ボールに当たったらアウトです。ボールはカモをねらう鉄砲の玉のようなものですから，転がっていてもワンバウンドでも，キャッチしても，少しでもボールにさわってしまったらアウトです。アウトになった人はコートの外に出ましょう。1分間で攻守を交代します。何人当てたかで勝負です。お互いに全滅させた場合，時間が早かった方の勝ちです。

2. ゲームを行う

赤チームがハンターでスタートです。

> **安心のしかけ**
> コートの広さは8m×8m程度，1チームは10人程度が適当。

よーし，いくぞ！ あ〜，避けられた。

ボールが転がっていっちゃったよ。コートの反対側にもいた方がいいね。

当たっちゃった。アウトかぁ…。

ピピー！ 赤チームは6点でした。交代です。

3. 役割を交代して行う

コートのまわりをぐるっと囲もうよ。よし，投げるよ！

転がってきたボールをキャッチしてすぐ投げるぞー！

赤チーム全滅〜！ 時間は45秒でした。

外あそび

＼ **全員安心して参加できるようにするポイント** ／

カモチームは避けるだけなので，全員が同じように楽しめます。投げるのが苦手でなかなかボールに触れない子がいる場合，ボールのうち1つの色を変え，苦手な子専用（自己申告）とするのもおすすめです。

外あそび

みんなの心を1つにしよう！
みんないっしょ

 時間　10分　 準備物　なし

みんなで動きや言葉を合わせる活動を通して，間違えても笑い飛ばして楽しむことを体験する。

対象：低学年　中学年　高学年

1. ルールを理解する

> 今から「みんないっしょ」をします。レベル1から3まであり，だんだん難しくなります。まずは全員で手をつないで輪になります（教師も輪に入る）。先生の出すお題の通りに動いてください。

2. レベル1　みんないっしょ

> レベル1は「みんないっしょ」です。先生が「みんないっしょ♪」と言うので，後に続いて真似してください。その後，「前♪」と言ったら，「前♪」と言いながら1歩前にジャンプしましょう。「後ろ♪」「右♪」「左♪」も同じです。では，いきます。

 みんないっしょ♪　　 みんないっしょ♪

 前♪　　 前♪

後ろ♪

 後ろ♪

 右♪

 右♪

3. レベル2　言うこといっしょ

レベル2は「言うこといっしょ」です。言うことだけいっしょで，やることは反対にします。先生が「前♪」と言ったら，「前♪」と言いながら後ろにジャンプします。間違えても気にしないで，どんどんチャレンジしよう。

4. レベル3　やるこついっしょ

最後は「やることいっしょ」です。動きはいっしょで，言うことが反対になります。先生が「前♪」と言ったら，「後ろ♪」と言いながら前にジャンプします。これは難しいですよ〜。

 まーえ！　あっ，間違えちゃった〜。

ドンマイドンマイ！　先生も，自分で出しているのに間違えちゃうことあるよー。

> ＼　全員安心して参加できるようにするポイント　／
> 間違えても気にせず，みんなで笑い合いましょう。リズムよく言ったり，レベルや「前」「後ろ」「右」「左」をランダムに言ったりすると，どんどん混乱していきます。

外あそび

手軽にカバディに挑戦しよう！
タグ・カバディ

時間 15分

準備物
- タグ
- タグベルト

ねらい
相手のタグを取ったり攻撃者をみんなで協力して捕まえたりする活動を通して，勝負の駆け引きを楽しむ。

対象
低学年
中学年
高学年

1.ルールを理解する

今から「タグ・カバディ」をします。カバディはインドで国技とされている究極の鬼あそびです。ただ，公式ルールだとケガの恐れがあるので，今回はタグを使います。ルールは次の通りです。
- 1チーム7人であそび，攻撃と守備を交互に行います。
- 攻撃側は攻撃者（レイダーという）1人が相手コートに入ります。そのとき「カバディ，カバディ」と言い続けなければなりません。守備者（アンティという）のタグを取って，無事に自陣へ戻って来られれば，取ったタグの数だけ得点が入ります。
- レイダーがアンティにタグを取られたり，コート外に出たり，息が続かなくなって「カバディ」を言えなくなったりしたら，守備側に1点が入ります。
- タッチされたアンティや，攻撃に失敗したレイダーはコートの外に出ます。この人は味方が得点をすると1点につき1人戻ることができます（ドッジボールのようなイメージ）。

2. ゲームを行う

安心のしかけ
コートの広さは縦12m×横10m程度とする。

では，実際にやってみましょう。

じゃあぼくから攻撃するね。カバディ，カバディ，カバディ…
よし，タグを2人分取って戻ってきたから2点だね！

今度はこっちのチームが攻撃するよ。カバディ，カバディ，カバ…。
せっかくタグを取ったのに守備の人に囲まれて息が続かなかった！

守備側の得点だね。失敗した人は外に出るんだよ。

守備の仕方は大事だね！ だれがどこで守るか作戦を考えようよ。

＼ 全員安心して参加できるようにするポイント ／

カバディは，相手をタックルしたり手を引っ張ったりと，格闘技要素がある競技ですが，タグを使うことで小学生でも安心して楽しめます。普段運動の苦手な子が作戦の立案で活躍することもあります。

クラス全員安心して参加できる学級あそびUD

外あそび

最初に3つのコーンを集めるのはだれ？
どきどきコーン集めゲーム

 時間　15分　 準備物　●ミニコーン（紅白玉でも可）
●ケンケンパリング

どこからコーンを取れば自分に有利になるかと考えながら体を動かす活動を通して，思考力や判断力を高める。

1. ルールを理解する

今から「どきどきコーン集めゲーム」をします。
ルールは次の通りです。
・4人で対戦します。
・1辺が7mぐらいの正方形の角にケンケンパリングを置き，それぞれの陣地とします。
・コート中央に置いてある5つのミニコーンを，1つずつ自分の陣地に運びます。
・コーンは相手の陣地にあるものを持って行っても構いません。
・3つのコーンを自分の陣地に最初に集めた人の勝ちです。

2. 個人戦を行う

ではやってみましょう！

（○○君が2つ集めてる。あそこから取ろう…）

しまった，せっかく2個集めたのに，1個持っていかれた！

3. ペアやチーム対戦で行う

次はペアでチームを組みましょう。リレーのように，1つ自分の陣地に持ってきたら相手と交代します。

気をつけて！　あっち2つそろってる！

\ 全員安心して参加できるようにするポイント /

単純な走力だけでは勝負が決まらないあそびです。早く集めるために全力で走るのか，様子をうかがって知的に動くのか，いろいろな作戦が出てくることでしょう。

外あそび

クラス全員安心して参加できる学級あそびUD

外あそび

先に1列そろうのはどっち？
三目並ベリレー

 時間 15分　 準備物
●ケンケンパリング
●紅白玉

ねらい

相手より先に列がそろうように紅白玉を置いていく活動を通して，考えながら運動する力を養う。

対象
低学年
中学年
高学年

1. ルールを理解する

今から「三目並ベリレー」をします。ルールは次の通りです。
・2チームで対戦します（1チーム5人ぐらいまで）。
・各チーム先頭の3人がチームカラーの紅白玉を持ちます。
・スタートから10m先に，ケンケンパリングが9個置いてあります（3×3のマス目になるように）。先頭の人は走ってどこかのリングに玉を入れます。戻ってきたら次の人にタッチ。2人目，3人目も同様です。
・4人目以降は玉を持っていません。手ぶらで走っていき，すでに置いてある自チームの玉の場所を1か所だけ替えます。
・縦横斜めのどれか1列，玉の色がそろったチームの勝ちです。

2. 1回目を行う

では，一度やってみましょう！

あれっ!?　あっという間に3人目で終わっちゃったよ…。

　相手が置きたい場所も考えないと，すぐ負けてしまいますよ。

　もう1回お願いします！

3. 作戦タイムを取り，何度か繰り返す

　少し作戦タイムを取ります。

　相手がリーチだったら，そこを塞ぐようにしないとね。

　うまくダブルリーチがつくれれば勝てるんだけどなぁ…。

＼ 全員安心して参加できるようにするポイント ／

四目並べ，五目並べにするともっと多人数で行うことができます。足の速さが勝負を左右する割合が減るので，走力に不安がある子がいる場合におすすめです。

外あそび

みんなで帽子をかぶせよう！
おじぞうさんリレー

 時間 10分　 準備物　●紅白帽

ねらい

じゃんけんに勝たないとおじぞうさんに帽子を載せられないあそびを通して，思い通りにいかなくても笑って許せる態度を養う。

対象
低学年
中学年
高学年

1. ルールを理解する

今から「おじぞうさんリレー」をします。各チームで1人，おじぞうさん役を決めてください。おじぞうさんになった人は，自チームの色で紅白帽をかぶり，スタートラインから10m離れた場所に立ちます。スタートしたら各チーム先頭の人はおじぞうさんまで走って行ってじゃんけんをします。じゃんけんに勝ったら「おじぞうさんありがとう」と言って自分の帽子をおじぞうさんの帽子の上に重ね，戻って次の人にタッチします。負けたときは，チームの仲間に向かって「負けました，助けてください！」と言います。メンバーは全員で走って行き，おじぞうさんのまわりをぐるっと回ってスタートラインに戻ります。全員が戻れたらもう一度じゃんけんをすることができます。全員の帽子がおじぞうさんの頭に載ったら，おじぞうさんを連れてスタートラインに戻ります。途中で帽子が落ちたらみんなで載せ直します（おじぞうさんは手を出せません）。最初におじぞうさんをスタートラインに連れ戻したチームの勝ちです。

2.レースを行う

では,よーいスタート！

じゃんけん,ポン！　勝った！　おじぞうさんありがとう！

じゃんけん,ポン！　負けました,助けてください！

みんな走って〜。

じゃんけん,ポン！　また負けた〜,助けて！！

ドンマイ！　行くぞー！

負けた子を批判することなく,励ますことを約束しておく。

じゃんけん,ポン！
ごめーん,また負けた〜！

あはは,負けすぎ〜。
ドンマイドンマイ！！

＼　全員安心して参加できるようにするポイント　／

　たとえある子がじゃんけんに負け続けても,笑って許せることが大切です。じゃんけんに3回連続で負けたら,「おじぞうさんは次に出す手を予告してもよい」というルールを加えるのもおすすめです。帽子を落とすとかなりのタイムロスになるので,最後の最後まで勝負の行方はわかりません。

外あそび

投げるのが苦手でも大丈夫！
ローテーションドッジボール

時間 10分

準備物
●柔らかめのボール
●紅白玉

外野がローテーションするドッジボールを通して、ボール運動が得意な子どもだけでなく学級全員で楽しむ。

対象
低学年
中学年
高学年

1. ルールを理解する

今から「ローテーションドッジボール」をします。通常のドッジボールと違うところは、外野が常に3人だというところです。

「ローテーション」ってどういうこと？

各チームで外野3人を決めたら、相手コートに向かって右側（ライト）、正面（センター）、左側（レフト）とそれぞれのポジションを決めてください。内野の人が当てられてしまった場合、当てられた人は外野のライトに入ります。そして、ライトだった人はセンターに、センターだった人はレフトに、レフトだった人は内野に、それぞれ動きます。これがローテーションです。また、内野から外野に出るときは、かごに入っている紅白玉を1つ外に出してください。最終的に、この球の数で勝負を決めます。外野の人はたとえ相手を当てたとしても、中に入ることはできません。

2. ゲームを行う

安心のしかけ
当たっても痛くない，柔らかいボールを使いましょう。

では，スタートします！

よーし，いくぞー！

当たっちゃった。紅白玉をかごから出して，ライトに移動ね。

当ててないのに内野に戻れたよ！

3. ボールを2つにする

次はルールを追加します。ボールを増やし，2個目の赤いボールは，ドッジボールが苦手な人しか触れないということにします。各チームで5人まで，赤いボールを触れる人を決めてください。帽子は赤にしておきましょう。白い帽子の人は，赤ボールはキャッチしてもワンバウンドでも，触っただけでアウトです。外野も赤帽子限定。もしいなければ，内野の人に渡します。

触っただけでアウトなんだ。おもしろそう！

全員安心して参加できるようにするポイント

投げるのが苦手で，一度外野に出るとなかなか戻れない子がいるものですが，ローテーションするルールなら必ず戻ることができます。また，外野の人は自分の担当エリアのボール（ライトなら，右側から出たボール）しか触ることができないというルールもおすすめです。

外あそび

クラス全員安心して参加できる学級あそびUD 137

国語あそび

なんて言っているのかな？
口パク言葉当てゲーム

時間　5分

準備物　●ミニホワイトボード（画用紙でも可）

音声なしの口形だけで言葉を伝える活動を通して，口形を意識してはっきりと話せるようになる。

対象 低学年 中学年 高学年

1. お題を決める

> 今から，ミニホワイトボードに，ある言葉を書きますね。見ちゃダメだよ。
> （「パンダ」と子どもに見えないように書く）
> だれかにこの言葉を読んでもらいます。でも，声に出しちゃダメだよ。みんなに声を出さずに伝えてください。答えは後で見せてあげるからね。

2. 教師の手本を見る

> まずは先生がやってみますね。
> 「○・○・○（パ・ン・ダ）」
> なんて言ったでしょう？

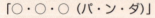

はーい，カメラ！

絶対,サンタだよ！

3.正解を知る

正解は…(ミニホワイトボードを見せ)
「パンダ」です！
当たった人いますか？

安心のしかけ
ノートに予想を書かせておくとよい。

やった,当たった！

4.子どもが出題する

前に出てみんなに問題を出してみたい人はいますか？

はーい,やりたいです！

では,○○さんにやってもらいましょう。お題はこれです！
(ミニホワイトボードをこっそりと見せる)

いいですか？「○・○・○・○・○・○（カレーライス）」

＼ 全員安心して参加できるようにするポイント ／

全員に1人ずつ教室の前で伝える場をつくりたいところですが,人前で話すのが苦手な子どももいるので,自分でお題をつくり,ペアで出し合ったり,グループで出し合ったりと,小集団での伝え合いをたくさん経験させましょう。

国語あそび

どんな言葉が書いてあるのかな？
文字反転ゲーム

 時間　5分　　 準備物　●文字を反転させたカード

反転された文字を読む活動を通して，鏡文字を書かないように意識したり，ひらがなのおもしろさに触れたりする。

対象
低学年
中学年
高学年

1. ルールを理解する

 今からカードを見せます。ひらがなが書いてあります。なんて書いてあるかな？

　　　　　　　　　　　　　　　　　　｜ちすふち｜（鏡文字）

 えっ，ひらがなが反対になってるじゃん！

 えっと，ち…

> 安心のしかけ
> 「ち」「き」などを例に出し，間違えやすいことを伝えておく。

 「ちんすう！」（笑）

 正解は「さんすう」でした！

 あ〜，算数か。

 こんなふうに，文字が裏表ひっくり返ったカードを出していくよ。

次はもっと難しくなるよ。これはどうだ！ さちゅこ

 うわっ，難しい…

 最初の文字は「さ」か…

 えっ，そうなの!?「ち」でしょ！

\ 全員安心して参加できるようにするポイント /
大きな声で素早く言わせることで，間違えても和やかに笑い合える雰囲気をつくります。鏡文字になりやすい言葉をテンポよく出題していき，短時間で終わります。

国語あそび

みんなでつないでいこう！
早口言葉リレー

時間　10分

準備物　なし

ねらい
早口言葉を通して，言葉をはっきり言うことができるようになるとともに，リレーすることで相手を意識して話すことができるようになる。

対象：低学年／中学年／高学年

1. 早口言葉を練習する

皆さんは早口言葉を知っていますね。ちょっとやってみましょう。今日は「生麦生米生卵」です。ちょっと練習してごらん。だれかみんなの前で発表してくれませんか？
それじゃあ，〇〇さん。3回繰り返してね。

やります。生麦生米生卵，生麦生米生卵，生麦生米生卵。できた！

2. 早口言葉リレーをする

今日はチームで「早口言葉リレー」をしましょう。座っている列ごとに1回ずつ言って後ろの人にリレーしていきます。後ろの人まで詰まらず言えるかな。じゃあ，この列から練習してみましょう。

生麦生米生卵！（1人目成功。続けて2人目，3人目，4人目へ）

なまむぎ・なまごめ・なまなま……なまたまご。

大丈夫大丈夫！ はい，次の人。

生麦生米生卵。できた！

なんとかたどり着けたね。
失敗しても大丈夫だから続けましょう。
では，隣の列にいきますよ。

> **安心のしかけ**
> 一度すべての列で早口言葉リレーをやり，慣れさせる。

3. リレーで競争する

それでは，列対抗で競争してみましょう。列の最後の人は「終わりました！」と大きな声で言ってね。人数が少ない列は，だれかが早口言葉を2回言ってください。
準備はいいですか？ よーい，スタート！

生麦生米生卵！ はい！（2人目，3人目，4人目と続く）

生麦生米生卵！ 終わりました！

> **＼ 全員安心して参加できるようにするポイント ／**
> 1人で行うときと比べて，リレーはプレッシャーがかかります。そのため，失敗しても言い直しをしてもよい，詰まっても最後まで言いきれば大丈夫，といったルールを伝えておきます。「言えないのが普通で，できたらすごい」と話しておくのもよいでしょう。

国語あそび

音を言葉で表そう！
何の音ゲーム

時間　10分

準備物　なし

ねらい
生活の中でよく耳にする音やイメージとしての音を言葉で表すことを通して，オノマトペのおもしろさを体感する。

対象　低学年　中学年　高学年

1. ルールを理解する

ノートを出しましょう。今から「何の音ゲーム」をします。先生が4人グループごとに「○○の音」とお題を出すので，みんなでその音を4種類考えてください。例えば「雨の音」というお題なら，「ザーザー」とか「しとしと」とかありますよね。それを考えてノートに書いてください。
全員がノートにかけたら，グループごとに前に出て，1人ずつその音を言ってもらいます。残りの人たちは，それが何の音なのかを当ててください。

2. 練習を行う

例えば，これは何の音？　パリーン！　ガシャン！

ガラスが割れた音！

正解です！

3. ゲームを行う

では、1グループの皆さん、前に来て順に音を言ってください。

ピョーン！　　　　　ビューン！

ポーン！　　　　　　トオー！

えーっ、なんだろう!?　難しい…。

＼ 全員安心して参加できるようにするポイント ／

出題の中には「えっ、本当にそんな音になるの？」というものもあり、聞いていた子が「それはないでしょ！」と発言することがあるので教師が「おもしろいね」「いい音だね」と肯定的に受け止め、笑顔で進めていきます。

国語あそび

文字数限定でつなげよう！
3文字しりとり

 時間 10分　 準備物 なし

ねらい
3文字（音）の言葉に限定してしりとりをすることを通して，「きゃ・きゅ・きょ」などの拗音や「っ」の促音は1音で表すことを知る。

対象　低学年　中学年　高学年

1. ルールを理解し，ペアで行う

しりとりをしましょう。今回はしりとりだけど，いつもとちょっと違う「3文字しりとり」です。3文字の言葉だけでしりとりをしてみましょう。例えば「こくご→ごりら→らくだ…」です。「らっぱ」だったら，小さい「っ」が入るけど，「いち・にい・さん」ってなるでしょう？　だから3文字とします。「きゅうり」はどう思いますか？「き・ゅ・う・り」と字で書くと4文字だけど，声に出すと「いち・にい・さん」ってなるからセーフだね。
では，まずは隣の人と実際にやってみましょう。

 りんご。　　 ごはん。

 ラッパ。　　 パンダ。

 だんち。　　 チョコ。

何か困った人はいるかな？

> **安心のしかけ**
> 困ったことはないか，子どもに尋ねる。

先生，「チョコ」は3文字ですか？

「りんご」から「ごはん」ですぐに「ん」がついちゃった！

チョコは，「ちょ」で1つの音になるね。だから「ちょ・こ」で2つの音だね。「チョーコ」だったらセーフだけどね（笑）。
あと，今回は特別に，3文字だったら「ん」で終わってもOKにしましょう。最後が「ん」だったら，その前の言葉をつなげて「はん○」と続けてみましょう。結構続きますよ。

2. グループで行う

では，4人グループでやります。言葉に困ったらパスして次の人に任せてもいいからね。3分間でどれだけ続けられるかな。

りんご。

ごはん。

はんこ。

コアラ。

そこまでです。楽しく続けることができたかな？

> **＼ 全員安心して参加できるようにするポイント ／**
> 困ったら「パス」を使う，失敗したら次の人が続きを言う，のようにお助けルールを設けておくと，全員安心して参加できます。

国語あそび

クラス全員安心して参加できる学級あそびUD

国語あそび

新出漢字を楽しく覚えよう！
漢字ビンゴ

 時間 10分　 準備物　●ノート　●漢字ドリル

新出漢字によるビンゴを通して，書き順やとめ・はねを確認しつつ，楽しみながら漢字の習得を図る。

対象：低学年／中学年／高学年

1. 漢字ドリルの中から9つの漢字を音読する

漢字ドリルを開きましょう。今から先生と一緒に音読します。（衣・良・節・単・料・氏・各・残・塩など新出漢字の読みや例文を順番に読んでいく）
衣服（いふく）。

衣服（いふく）。

2. 9マスの中に漢字を書く

今から「漢字ビンゴ」をします。ノートに9マス（縦横3マス）を書きましょう。書けた人は，さっき読んだ9つの漢字をマスの中に書きましょう。

どこに何を入れようかな…。

3. ビンゴを行う

では,最初の漢字は…「単」です。書き順は8画目が間違えやすいですね。
次は…「残」です。10画目の点を忘れないようにね。
リーチになった人いますか？

やった,リーチ！

ビンゴになった人は,先生のところにノートを持って来て確認します。
合っていますね。おめでとう！

安心のしかけ
ノートを持って来させ,正しく漢字が書けていれば○をつける。

国語あそび

最後は…「節」です。そこまで！
3列そろった人がいますか？　いますね。3列賞です！
1つもビンゴにならなかった人がいますか？　その人も漢字の書き取りはがんばったので,ゼロビンゴ賞です。拍手！

1つもビンゴにならなかったけど,賞をもらえたからよかった。
漢字の勉強,がんばろう！

＼　**全員安心して参加できるようにするポイント**　／

「漢字を間違えると失格」と最初に話しておくと,ドリルを見て字を丁寧に書きます。また,ビンゴにならなくても漢字の学習はがんばったという主旨の「ゼロビンゴ賞」をつくることで,ビンゴの結果にこだわり過ぎず,漢字の習得に意識を向けることができます。

国語あそび

国語辞典であそぼう！
逆引きゲーム

時間　10分

準備物　●国語辞典

ねらい
辞書の逆引きや問題づくりを通して，言葉の表現方法の豊かさを知り，語彙を広げる。

対象
低学年
中学年
高学年

1. ルールを理解する

国語辞典を使うとき，いつもは言葉を探して，書いてある意味の説明を読むよね？　今日はその逆で，国語辞典の書いてある意味を読んで言葉を当てるゲームをします。さっそくやってみましょう。

2. ゲームを行う

「北を向いたとき，東に当たる方」一体どんな言葉かな？

えっ，何だろう。わかんない…。

意味その2「人の体で，心臓がない側」。わかった人は，先生のところにこっそりと答えを言いに来てください。

（右）

150

正解！ よくわかったね。○○さん，他にヒントが出せますか？

 例えば…，たくさんの人がはしを持つ方。

 わかった！

3. 自分たちで問題を出し合う

 では，グループで問題を出し合ってみましょう。

 ぼくから出すね。「人に飼われることの多い動物」

 はい，ねこ！

 違います。2つ目の意味です。
「人によく慣れ，家の番や目の不自由な人の案内をする」

 わかった，犬だ！

 正解！ 次は正解した○○さんが問題を出してね。

＼ 全員安心して参加できるようにするポイント ／

　早押しクイズのようにわかった子どもに声を出して答えさせてしまうと，他の子どもの考える楽しみを奪ってしまいます。出題者に耳打ちさせたり，ノートに答えを書かせたりすると，全員が参加できるゲームになります。

国語あそび

どんな文ができるかな？
主語・述語シャッフル

 時間 15分　 準備物　●短冊（Ａ４サイズの縦半分）

みんなで書いた文の主語と述語をランダムに組み合わせ，ありえない文をつくる活動を通して，楽しみながら主語・述語を理解する。

対象
低学年
中学年
高学年

1. ルールを理解する

 今から短冊を配ります。1人2枚ずつ取ってください。それぞれに「だれが」という主語と，「どうした」という述語を1つずつ書いてください。名前ペンで大きくはっきり書いてね。どんな内容でもOKです。例えば，「先生が」「勉強した」とかね。友だちに見せないように1人で書いてくださいね。

 何を書こうかな…

 「犬が」「ほえた」でいいかな…。

2. 短冊を回収する

 では，「だれが」の紙だけを裏返して前に回してください。
次は，「どうした」の紙を裏返して前に回してください。

152

3.シャッフルして黒板に掲示する

では,みんなが書いてくれた文章を黒板に貼っていきます。その前に「だれが」と「どうした」の短冊を,どっちもシャッフルしますね。

え～っ,それだと文が変になっちゃうじゃん!

まず,最初は…,「犬が」「勉強した」

犬が勉強!? でも,犬も実は勉強しているかも!

次は…,「先生が」「ほえた」

はははは!

どちらも変な文になってしまいましたね。
文は,主語と述語を対応させて書くことが大事です。
では,残りの文を見てみましょう!

＼ 全員安心して参加できるようにするポイント ／

　短冊は多めに準備しておき,「間違えたらもう1枚あげますよ」と失敗しても書き直すことができることを伝えます。そうすると,どの子も安心して自由な文を書くことができます。発展として「いつ」「どこで」などの修飾語を加えることもできます。

国語あそび

速く正しく書き写そう！
視写競争

時間　15分

準備物　●原稿用紙

ねらい

制限時間内に作文を視写する活動を通して，速く正しく字を書く力を高める。

対象
低学年
中学年
高学年

1. ルールを理解する

> 原稿用紙を1枚配ります。この原稿用紙には去年の読書感想文コンクールで入賞した子どもの作文が書いてあります。原稿用紙をもう1枚配るので，作文を書き写してください。制限時間は10分間です。まずは10分で書き終えることを目指しましょう。ただし，速いだけではダメですよ。正しい字で，自分以外のだれもが読める字で書かないと失格になります。

2. 視写を行う

> 視写は姿勢も大事ですね。書き終わったら，「終わりました」と言ってください。タイムを言います。
> では，よーい，スタート！

> （静かに鉛筆を進めるカタカタという音）

終わりました！

 8分35秒です。原稿用紙の最後に書いておいてください。

3. 記録を確認する

 そこまで！　10分経ちました。鉛筆を置いてください。
1枚全部書き終えた人は何人いますか？

 はい！

 3人いますね。○○さんは8分35秒で1位ですね。拍手！

 すごいなぁ。

 書き終えることができなかった人は，最後のマスに今日の日付を書いておいてください。
明日ももう1回，同じ文章を試写します。今日よりも速く写せるように，この調子でがんばりましょう。
では，プリントを集めます。ちゃんと先生に読める字で書けているかな…？

＼　**全員安心して参加できるようにするポイント**　／

　同じ文章で繰り返し行うことがポイントです。そうすることで，その子なりに速く，丁寧に書く力が伸びていきます。2回目以降は伸びた子どもをしっかりほめることが大切です。

国語あそび

知っている漢字をたくさん書こう！
「〇〇の漢字」いくつ書ける？

 時間 10分　 準備物 ●ノート

ねらい
条件に合う漢字をノートに書く活動を通して，既知の漢字を確認したり，未知の漢字を習得したりする。

対象：低学年／中学年／高学年

1. ルールを理解する

 今から2分間でお題に合う漢字をできるだけたくさん書いてください。例えば，「にんべんの漢字，よーい，スタート！」と言ったら，休，体，仲，係，健…のように，ノートに書いていきます。

2. 2分間でたくさん書く

 では「さんずい」の漢字を書きましょう。よーい，スタート！

 えっと…，何があるかな。あっ，思い出した。

3. いくつ書けたか確認する

 では，いくつ書けたか聞いてみますね。1つも書けなかった人？ すばらしい，1人もいないね。では，1つの人？…

では，10個以上書けた人？

15個書けました！

すごい！

では，どんな漢字があるのか，黒板に書いてみんなで確かめましょう。ノートに書いた漢字を5人の人が黒板に書いてください。それ以外の人は，自分が書いていなかった漢字を書き足してね。

（海・沢・決・汁・汗・沖・津・消・流…）

では，1つずつ漢字が合っているか確かめていきましょう。
（黒板に教師が丸つけをしていく）
おっ，全部正解ですね。すばらしい！
黒板に出ていない漢字を書いた人，いますか？

「深」があります！

「浅」もあります！

> ＼ 全員安心して参加できるようにするポイント ／
> 　毎回違うへんやつくりで出題すると，漢字が苦手な子どもは苦痛になるので，ときどき同じお題を出します。前回からどれだけ書けるようになったのかを比べることで，その子の伸びが見えます。また，自然に復習や予習に取り組む子どもも出てきます。

国語あそび

すぐに読みを声に出そう！
漢字フラッシュカード

 時間　5分　 準備物　●八切り画用紙に漢字を書いたカード

ねらい
フラッシュカードの漢字の読みをすぐに答える活動を通して，漢字（熟語）の読みに慣れる。

対象
低学年
中学年
高学年

1. ルールを理解する

 今，チャイムが鳴りましたね。いきなりですが，このカードを読んでください。
「現在」

 げんざい！

 リズムよくどんどんいきますよ。

 「増加」　 ぞうか！

 「往復」　 おうふく！

 「調査」　 ちょうさ！

> **安心のしかけ**
> 漢字1文字では読みが複数の場合があるので，熟語や送り仮名があるものを選ぶ。

2. 隣の人と競争する

次は,隣の人よりも早く声を出して読んでくださいね。
ではいきますよ。「述べる」

のべる！　勝った！

次は「確かめる」
(リズムよくどんどんカードをめくっていく)

3. テーマを決めて行う

今度は植物シリーズです。どんな植物を表す漢字かな。
さっそくいきますよ！
(「松」「桜」「梅」「梨」など)

続けてどんどんいくよ。習っていない漢字もせっかくだから入れて
みよう。「楓」これは？

う～ん…なんだろう。漢字辞典で調べてみよう。

＼　**全員安心して参加できるようにするポイント**　／

新出漢字などで同じ問題を3回ほど続けて出題します。全員が覚えた
雰囲気ができたら新しいカードと交換します。1回のフラッシュカード
は10枚くらいに留めておくと,子どもが覚えやすくなります。

国語あそび

全部聞き取ろう！
聖徳太子ゲーム

 時間　10分　 準備物　●メモ用紙（ノートでも可）

数人が同時に言葉を発し，それぞれ何を言っているのか聞き取るゲームを通して，集中して聞き取る力を高める。

対象：低学年／中学年／高学年

1. ルールを理解する

 聖徳太子を知っていますか？　彼は10人が同時にしゃべっても何を言っているのかすべて聞き取れたという伝説を残しています。今日は，皆さんにも聖徳太子みたいな聞く力をつけてもらおうと思います。

 えーっ！

2. ゲームを行う

 では，実際にやってみましょう。4人グループの中で聞く人を1人と，話す人を3人決めてください。では1班にお手本をやってもらいましょう。聞く役の○○さんは教室後ろにいてください。他の3人は先生のところに来て，伝える言葉を聞いて，メモ用紙に書いておいてください。

どんな言葉を言われるのかな…。

 では,実際にやってみましょう。○○さんは全部聞き取れるかな。座っている人も3人が何を言っているのか聞き取ってみてね。
では,3人とも同時に,せーの！

 りんごのジュース！

 パンダのコップ！

 あんパンと食パン！

 えーっ,なんて言ったの？ りんごパンが何とかって…

 パンダって言葉は絶対言ってた！

 3人でも意外に苦戦していますね。
では,正解は何だったのかな。3人に発表してもらいましょう。

 聖徳太子ってすごいね…。

国語あそび

＼ 全員安心して参加できるようにするポイント ／

実際にやってみるとなかなか聞き取れません。机に座っていた子どもに「1つでも聞き取れたら大したものですよ」とあらかじめ投げかけておきましょう。2つわかっただけでもすごいことです。

算数あそび

5になるお友だちをつくろう！
ごまだんご

 時間　5分　 準備物　なし

ねらい
手あそび歌「ごまだんご」を通して，楽しみながら5になるお友だちの組み合わせに親しむ。

対象
低学年
中学年
高学年

1. ルールを理解する

今から，手あそび歌「ごまだんご」を見せます。できそうだったら，一緒に歌ったり手の動きを真似したりしてくださいね。

> ♪ ごまだんご，ごまだんご
>   （両手で丸いお団子をつくるジェスチャーをする）
> ♪ 1と4で
>   （片手の指を1本，逆の手の指を4本出す）
> ♪ ごまだんご
>   （両手を中央に寄せ，合わせて指5本にする）
>
> ♪ ごまだんご，ごまだんご
> ♪ 2と3で
>   （片手の指を2本，逆の手の指を3本出す）
> ♪ ごまだんご

> ♪ ごまだんご　ごまだんご
> ♪ 3と2で
> 　（片手の指を3本，逆の手の指を2本出す）
> ♪ ごまだんご
>
> ♪ ごまだんご　ごまだんご
> ♪ 4と1で
> 　（片手の指を4本，逆の手の指を1本出す）
> ♪ ごまだんご
> ♪ ぱくっ！
> 　（両手を口の方に向けて，食べる真似をする）

> 5になるお友だちをつくっているんだね！

2. 全員で一緒に行う

> では，全員で一緒にやってみましょう。

> じゃあ，もっと速くできるかな？

＼ 全員安心して参加できるようにするポイント ／

　はじめのうちは，5になるお友だちの組み合わせがすぐに出てこなかったり，ジェスチャーをすると歌声が低くなったりします。それを気にせず気分転換くらいの気持ちで取り組ませます。何度も取り組んで，子どもたちの歌声が大きくなってきたら，ジェスチャーについてしっかり指導するとよいでしょう。

算数あそび

楽しく九九の練習をしよう！
かけ算九九ビンゴ

時間　5分

準備物
●ビンゴカード（3×3マス）
●かけ算九九カード

かけ算九九を使ったビンゴを通して、楽しみながらかけ算九九に慣れ親しむ。

対象
低学年
中学年
高学年

1. ルールを理解する

今から「かけ算九九ビンゴ」をします。まず，先生が決めた段を暗唱します。次に，その段の答えを，3×3のマス目に書いて全部埋めます。最後に，先生が引くかけ算九九カードの順に丸をつけます。5枚引いたときに3つ並んでいればビンゴです！

最後のカードが
4×2＝8
だとビンゴ！
4×5＝20
だとダブルビンゴ！

164

2. ビンゴをする

まずは4の段を暗唱しましょう。

では、その段の答えを3×3のマス目に書いて全部埋めましょう。

> 安心のしかけ
> 九九がなかなか出てこなかったり、積を間違えやすい子のために、最初にその段の暗唱をする。

あれ？ 同じ答えを2つ書いちゃった…。

4×1から順番に埋めていくと、同じ答えを書くのが防げますよ。

書き終わったよ、早くやろうよ！

早く終わった人は、書いた数の見直しをしましょう。4の段だったら、4つずつ増えているか見直しましょう。

3. ビンゴを発展させる

かけ算九九ビンゴ「レベル2」をやります。レベル2は、2つの段の答えを書きます。では、2の段と3の段に挑戦！

（6はどちらの段にもあるから真ん中に書けばビンゴしやすいな）

――― ＼ 全員安心して参加できるようにするポイント ／ ―――
場合によっては、かけ算九九表やかけ算九九カードなどを見てもよいことにします。

算数あそび

影に重ねて同じ形をつくろう！
シルエットパズル

時間　10分

準備物

●タングラム
（またはタブレット）

タングラムのシルエットパズルに取り組み，「分割して見る」「回す」などの図形感覚を養う。

対象
低学年
中学年
高学年

1. ルールを理解する

今からタングラムのシルエットパズルをします。ルールは，7枚の板を全部使って，影に重ねて同じ形をつくることです。まずは，先生と一緒に電子黒板に映した「クワガタ」をやってみましょう。

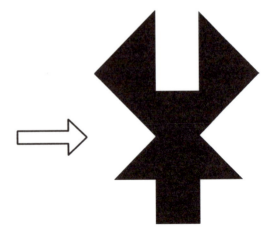

166

この大きな三角はあそことあそこだと思います。

 あっ，四角が見える。四角はそこだよ。

 とんがった四角（平行四辺形）は，回すとここに入ります。

 わかったところから置いていくと，残っている板の形が見えてくるね。では，今度は1人でクワガタに挑戦してみましょう。

2．1人で挑戦する

 あれっ，とんがった四角（平行四辺形）はどこだったかな？

 とんがった四角（平行四辺形）がどこか，教えてくれる人はいますか？

安心のしかけ
電子黒板にタングラムを映し，困っている子にヒントを出せるようにしておく。

 （電子黒板を見て）そうか！

 クワガタが終わった人は，別のシルエットに挑戦してみましょう。

＼ **全員安心して参加できるようにするポイント** ／

　パズル教材は，できる子とできない子がはっきりします。教師1人では対応しきれないことがあるので，子ども同士で教え合える仕組みをつくっておくと，全員が安心して取り組むことができます。下記のサイトには他のシルエットがあります。
https://www.mathplayground.com/tangram_puzzles.html

算数あそび

簡単に計算するコツは？
10個のたし算

時間 15分

準備物 ●ノート

ねらい
10個の連続する整数の和を求めることを通して、計算を工夫する態度を養う。

対象：低学年／中学年／高学年

1. ルールを理解する

> 今から「10個のたし算」をします。ルールは簡単です。順番に並んでいる数を10個たして答えを求めます。例えば、1からだと「1＋2＋3＋4＋5＋6＋7＋8＋9＋10」の答えを求めることになります。

2. 1から10の和を計算する

> では、1から10までをたした答えを求めてみましょう。

> 1＋2＝3、3＋3＝6、6＋4＝10、ふぅ、大変だ…。

> 先生、たす順番を変えていいですか？
> 例えば、1＋9＝10、2＋8＝10…

168

答えが10のペアをつくるのは，計算が簡単になるからいいアイデアですね！

9のペアもたくさんできるよ。1＋8＝9，2＋7＝9…。

11のペアもあるよ。1＋10＝11，2＋9＝11…

1から10までたしたら，55になりますね。

3．2から11の和を計算する

> **安心のしかけ**
> 1から10までたした方法を板書しておき，そのアイデアを生かせるようにする。

次は，2から11までをたした答えを求めてみましょう。

1から10までたしたら55。それより1少なくて11多いから，55－1＋11＝65。

13のペアができる！　2＋11＝13，3＋10＝13…

1から10まででやったことを生かしているところがいいね！

＼　**全員安心して参加できるようにするポイント**　／

　1から順番にたして力づくで求めるのも，その子が納得できる方法なので認めてあげましょう。ただ，2から11の和になると少し計算が難しくなります。板書から使えそうなアイデアはないか見通しをもたせましょう。

クラス全員安心して参加できる学級あそびUD

算数あそび

方眼紙で小さい箱をつくろう！
ミニチュア箱づくり

| 時間 | 15分 | 準備物 | ●方眼画用紙（1人1枚） ●筆記用具 ●はさみ ●セロハンテープ |

ねらい
方眼画用紙で行うミニチュア箱づくりを通して，直立体の構成要素やその関係について考察し，空間感覚を豊かにする。

対象
低学年
中学年
高学年

1. 箱探しをする

皆さんの教室には，どんな箱がありますか？

 国語辞典の箱！　　 道具箱！　　 筆箱！

2. 箱づくりの準備をする

今日は箱を方眼紙でつくります。
まずはこの大きな箱をつくろう。

> **安心のしかけ**
> 正方形が面にある直方体を扱う。

箱が大き過ぎるから，方眼紙では無理だよ…。

確かに，実際の大きさは無理ですね。では皆さんの方眼紙でもつくれる，大きな箱の「ミニチュア展開図」をつくりましょう。

> **安心のしかけ**
> ミニチュア展開図の縮尺は各自で違っていてOK。

170

3. 箱づくりを行う

2年生のときにやったみたいに、面をうつせばいい。長方形が4つ必要。正方形の面も2つ…。できた！

できたらセロハンテープでとめて、ミニチュアを完成させましょう。次に何をしたいですか？

> **安心のしかけ**
> セロハンテープでとめる前の展開図を教師が見ることで、面の組み合わせの正誤を子どもと確認する。

まわりに絵をかきたい！

他の箱もつくってみたい。サイコロをつくりたい！

＼ **全員安心して参加できるようにするポイント** ／

方眼画用紙に収まる大きさであれば縮尺は子ども次第なので、まわりを気にし過ぎずに作業に取り組めます。その分、面の組み合わせの正誤確認は教師が行ってサポートします。

算数あそび

なんで先生ばかり勝つの？
GETラストだんごゲーム

 時間 15分　 準備物 ●ノート

ねらい
○を取り合う対戦型のゲームの必勝法を考えることを通して，楽しみながらわり算の概念を形成する。

対象
低学年
中学年
高学年

1. ルールを理解する

黒板に○を12個1列でかきました。今から，先生とみんなで対戦です。左から○を取っていって，最後の1個をゲットした方が勝ちです。先生が後攻でいいですか？

なんか怪しいから，ぼくたちが後攻にする！

わかりました。先生が先攻ですね！（○を12個全部取る）

それはずるいよ！　一気に取ったらいつも先攻が勝っちゃう！

確かにそうですね。1回に取れるのは3個までにしましょう。では，今度は皆さんからどうぞ。

2. ゲームを行い，必勝法を考える

 3個取ります。

 2個取ります。

 1個取ります。

 では，1個取ります。

 先生も2個取ります。

 3個取って，先生の勝ち！

 また負けた〜。

 では，もうひと勝負しましょう。先生が勝ったから，先攻か後攻か決めますね。う〜ん…，先生はもう一度後攻！

 （対戦を終えて）また負けた〜。

 2回とも先生が後攻なのが怪しい！

安心のしかけ
黒板に勝負の軌跡を残しておくと，きまりに気づきやすくなる。

 「先生が後攻なのが怪しい」って意見が出ました。どういうことか，お隣やまわりの人と考えてみてください。

 先生，必勝法を見つけました！　12個だったら，12÷4＝3になるようにすると最後の1個が取れます！

＼ 全員安心して参加できるようにするポイント ／
教師対子どもで対戦した後，ペアやグループできまりを追究するという展開にすることで，算数が苦手な子も抵抗なく取り組めます。

算数あそび

クラス全員安心して参加できる学級あそびUD

算数あそび

みんなで問題を考えよう！
計算ビンゴ

時間 **10分**　準備物　●ビンゴカード（3×3マス）

ねらい
子どもたち自身が問題を考える計算ビンゴを通して，実態に応じて楽しく計算技能を高める。

対象：低学年／**中学年**／高学年

1. ビンゴの準備をする

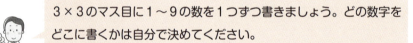

> 3×3のマス目に1～9の数を1つずつ書きましょう。どの数字をどこに書くかは自分で決めてください。

2. ルールを理解する

> では，問題です。「1＋8＝？」
> 式と答えをノートに書きましょう。

安心のしかけ
全員が簡単に計算できる式でスタートする。

> 簡単だよ，9！　もっと難しくしてほしい！

> 答えは9ですね。マスの9に印をつけましょう。

> やった真ん中だ！　そっか，これが縦，横，斜め，どれか1列そろえば，ビンゴってこと？

その通りです。あと1個で1列そろうときは「リーチ」と，1列そろったら「ビンゴ」と言いましょう。

3. ビンゴを行う

 さっきは簡単過ぎたから，かけ算とかわり算とか使ってほしい！

 例えばどんなのがある？

> **安心のしかけ**
> やりとりの中で子どもたち自身に計算の難易度を上げさせる。

 例えば，10÷5×5とか。

 では，10÷5×2にしようか。答えはいくつになりますか？

 1かな…？

 4じゃない…？

 1という人と4という人がいるけど，どっちかな？
みんなで確かめてみよう。

> **安心のしかけ**
> 全員で答えを確かめてから，次の計算を決める。

＼ 全員安心して参加できるようにするポイント ／

教師が計算問題を出題するのではなく，子どもに考えさせることで難易度を調整したり，意欲を高めたりすることができます。また，答えの確認を全員で丁寧に行うことで，苦手な子も参加しやすくなります。

クラス全員安心して参加できる学級あそび UD

算数あそび

友だちはどんな図かな？
マッチング作図

●三角定規2組　●タブレット端末
●コンパス

時間 15分
準備物

ねらい
言葉の指示だけ聞いて行う作図を通して，友だちの作図との共通点や相違点を楽しむ。

対象：低学年／中学年／高学年

1. ルールを理解する

今から，3つの手順である図をかきます。
皆さんも自分のノートに手順の通りにかいてみましょう。

2. ゲームを行う

1　コンパスで半径5cmの円をかきます。
（教師も用紙に半径5cmの円をかく）

2　10cmの直線をかきます。
（教師も用紙に10cmの直線をかく）

3　2の直線に垂直な10cmの直線をかきます。
（教師も用紙に2の直線に垂直な10cmの直線をかく）

できた！ なんか，保健所の地図記号みたい。

 えっ，私は警察署の地図記号になったよ！

 皆さん，答えはどうなりましたか？ ちなみに先生はこれです。この「マッチング作図」は，だれかと自分がかいた図がマッチングすれば成功です。ノートをもってまわりの友だちと確認しましょう。

 同じだ，タケコプター！   警察署ってそういうことね！

 マッチングした人は完成した図に名前をつけましょう。
名前をつけたチームは発表しましょう！（作図をタブレット端末で撮影し，大型テレビに拡大提示して交流する）

 やってみてどうでしたか？

 友だちとマッチングできてうれしかった！

安心のしかけ
1人の子がいたら，どのチームに一番近いかを考えて「マッチングフレンド」と名づけ，成功とする。

 平行を使って，問題をつくりたい！

 4つの手順でやってみたい！

＼ **全員安心して参加できるようにするポイント** ／

正解の図があるわけではないので，どの子も安心して取り組むことができます。様々な図ができ上がることで，お互いのよさを認め合う機会にもなります。

算数あそび

楽しく計算力アップしよう！
メイク10

時間　5分

準備物　●数字カード

ねらい

4つの数を加減乗除で10にする計算を通して，楽しみながら計算力を高める。

対象
低学年
中学年
高学年

1.ルールを理解する

みなさんは「メイク10（テン）」を知っていますか？「10（テン）パズル」ともいいます。繰り返し取り組むと，計算が速くなるそうです。
ルールは簡単です。4つの数字を＋，－，×，÷を使って計算して10をつくります。＋，－，×，÷は何度使っても，使わないのがあっても構いません。ただし，4つの数字は必ず全部使います。例えば，「1・2・3・4」だったら，「1＋2＋3＋4＝10」でもいいですし，「（2×3）×1＋4＝10」でもいいです。

2.ゲームに取り組む

では，実際にやってみます。数字カードを引いてもらって4つの数を決めます（子どもに引いてもらう）。「3・2・3・8」になりました。2分間考えてみましょう。

（2分後）10をつくれた人はいますか？

はい，「8＋3－（3－2）＝10」です。

他にもあります，「8÷2＋3＋3＝10」です。

まだあります，「8×2－3－3＝10」です。

たくさん見つけたね！　まだまだありそうです。

3.コツを共有する

なかなか見つけられない人もいたようです。だれか見つけるコツを教えてくれますか？

まずたしてみて，10を超えたら多い分を減らしています。

似ているけど，まず2つの数で10に近いかけ算を考えて，少ない分や多い分を残りの数で調整します。

計算を消さないでおくと，同じ計算をしないで済みます。

＼　全員安心して参加できるようにするポイント　／

　計算が苦手な子には，まず，4つの数を全部たしてみることに取り組ませましょう。また，1つの式に表すのが苦手な子には，分けて書いてもよいことを教えます。

算数あそび

進んで計算したくなる！
誕生日がわかる不思議な計算

 時間 15分　 準備物　●電卓（必要に応じて）

誕生日がわかる計算に取り組むことを通して，楽しみながら桁数の大きい計算に習熟する。

対象
低学年 / 中学年 / 高学年

1. ルールを理解する

今から「誕生日がわかる不思議な計算」をします。順番に3つの計算に取り組むと，その人の誕生日が4桁の数で表れます。
まず，「（誕生日の月の数）×4＋8…①」を計算します。次に，「（①の答え）×25＋（誕生日の日の数）…②」を計算します。最後に，「（②の答え）−200…③」を計算します。すると，③の答えは，誕生日を表す数字が表れます。

誕生日が12月10日だとすると…
① （誕生日の月の数）×4＋8
　　12×4＋8＝56
② （①の答え）×25＋（誕生日の日の数）
　　56×25＋10＝1410
③ （②の答え）−200
　　1410−200＝<u>1210</u>　→12月10日！

180

2. 自分の誕生日で計算する

> 安心のしかけ
> 電卓を使って計算させることで見通しをもつことができ，安心して筆算に取り組むことができる。

では，自分の誕生日でやってみましょう。計算が苦手な人は，まず電卓を使って計算し，その後筆算でやってみましょう。

すごい，本当に私の誕生日の数字が出てきた！

筆算でも，ちゃんと誕生日の数字になったよ！

3. 友だちの誕生日で計算する

今度は，友だちの誕生日で計算してみましょう。計算してほしい人は手をあげてください。では，○○さんの誕生日，10月15日で計算してみましょう。

あれっ，電卓で計算しても「1015」にならない。なんでだろう…？

そういうときは，計算を1つずつ見直すのがコツです。そのためには，ノートに途中の計算の式と答えをメモしておくといいね。

あっ，＋8するのを忘れてた！

＼ 全員安心して参加できるようにするポイント ／

電卓の使用許可と計算途中を残す指導で，計算が苦手な子どもでも進んで取り組む姿を見ることができます。

算数あそび

数を多様な見方で捉えよう！
今日の日付になるかけ算の式探し

 時間　10分　 準備物　なし

今日の日付になるかけ算の式を探すことを通して，楽しみながら数の見方を豊かにする。

対象
低学年
中学年
高学年

1. ルールを理解する

今日から毎回授業のはじめに「今日の日付になるかけ算の式探し」をします。例えば，6月9日だったら「609」になるかけ算の式を探します。「609」になるかけ算の式は，「1×609」「609×1」「3×203」「203×3」「7×87」「87×7」「21×29」「29×21」で，なんと全部で8個あります。

2. 今日の日付で取り組む

実際に今日の日付でやってみましょう。今日は4月12日なので，「412」になるかけ算の式を探しましょう。2分間考えてみましょう。

（2分後）どんな式を見つけましたか？

1×412，412×1

182

2×206, 206×2

 4×103, 103×4

 あとは見つけられせんでした。

 全部で6個。たくさん見つけたね！

3. コツを発表する

 なかなか見つけられない人もいたようです。
だれか多く見つけるコツを教えてくれるかな？

 見つけた式の「かけられる数」と「かける数」を入れ替える。

 「2×206」だったら、「206」がさらに、2や3でわれるかを考えてみる。

 計算した筆算は消さない。

 どれもすばらしいコツですね！

＼ 全員安心して参加できるようにするポイント ／
　計算が苦手な子には，まず2や3でわれるか確かめさせます。また，見つけた式を発表させた後，見つけた人がいた列や班にポイントをあげることにすると，盛り上がります。

クラス全員安心して参加できる学級あそびUD　183

算数あそび

全部の数がわかるのはなぜ？
薬師算

時間　**10分**

準備物　●おはじき（児童用と貸出用）

ねらい
おはじきを使って薬師算に取り組むことを通して，きまりのある事象に関心をもつ。

対象：低学年／中学年／高学年

1. ルールを理解する

今から「薬師算」を披露します。はじめに，みんなは1辺が4個以上になるように正方形におはじきを並べます。次に，②のように左の辺に沿って並べ替えをします。最後に，右端のおはじきの数を答えます。その数を聞いただけで，先生はおはじきを何個使ったかわかります。

①正方形に並べる　　②左の辺に沿って並べ替える　　③右端の数を言う

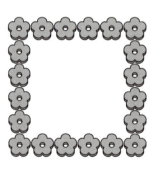
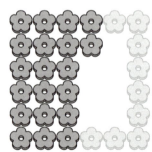

2個！

184

2. 各自でおはじきを並べる

おはじきが足りない！

足りない人は、これを使っていいですよ。

> 安心のしかけ
> 貸出用のおはじきを多めに用意しておく。また薬師算の手順の図は黒板に提示しておく。

あれっ、どう並べ替えるんだっけ？
（図を見て）そうか！

3. それぞれ数を発表する

2個！

おはじきは全部で18個使いましたね。

3個！

全部で30個ですね。

え～っ、どうしてわかるんだろう…？

＼ 全員安心して参加できるようにするポイント ／

　全員がおはじきを並べる活動ができるように、貸出用のおはじきをたくさん準備したり、手順の図を提示しておいたりします。
　全員並べ替えが終わったのを確認し、数を発表させます。教師は「4 ×（発表した数）+12」の式に当てはめ、おはじきの合計数を当てます。

クラス全員安心して参加できる学級あそび UD

英語あそび

何時に何をした？
１日物語何でもバスケット

 時間　10分　 準備物　●いす

ねらい
自分が普段することの「何でもバスケット」を通して，英語の表現に親しみつつ，友だちのことをよく知る。

1. ルールを理解する

 今から「１日物語何でもバスケット」をします。例えば，皆さんはいつも何時に起きますか？

 ６時です。

 では，英語で言うとどうなりますか？

安心のしかけ
○分の刻みにしない。

 I wake up at 6:00.

 「１日物語の何でもバスケット」なので，自分も６時に起きたという人は，席を移動します。他にも，朝ご飯を食べる時刻など，１日の中で自分も同じ時刻だった場合は，「Me, too.」と言って席を移動します。今日は，６時，７時，９時など，○時ぴったりの限定ルールにします。

2. 練習を行う

では、練習をしてみましょう。♪チャンツ

I wake up at 6:00.
I have breakfast at 7:00.

Me, too!（席を移動する）

3. ゲームを行う

では、日課を表す言葉を使って、ゲームを楽しみましょう。

── 全員安心して参加できるようにするポイント ──
日課の言い方と、時刻の言い方に慣れ親しむ必要があるため、黒板に時計を掲示をしたり、日課の言い方に十分に慣れ親しませたりすることが大切です。

英語あそび

お気に入りの部屋はどこ？
My favorite place is the ☐ .

 時間 10分　 準備物 ●タブレット端末

ねらい
お気に入りの教室や場所を英語で紹介し合うことで，友だちの知らなかったことを知ったり，新たに仲を深めたりする。

対象
低学年
中学年
高学年

1. ルールを理解する

 今から，自分のお気に入りの部屋について，3ヒントクイズを友だちと出し合います。ヒントを聞いて，友だちのお気に入りの場所を当てましょう。

2. 練習を行う

 では，先生と○○さんで1回やってみます。
Hint 1　Rectangle.

 長方形？

 Hint 2　Books.

 本？

安心のしかけ
ジェスチャーを交えながら伝える。

Hint 3　I like ○○シリーズ（本の題名など）．

わかった！　図書室！　Library!

正解！（タブレット端末にある写真を見せる）

3. 友だちとクイズを出し合う

では，今から，お気に入りの部屋紹介クイズをします。
ペアで1回行ったら，他の友だちとやりましょう。

お気に入りの部屋が同じだった！

気持ちが通じ合ったね！　さらに同じ友だちが見つかるといいね！

Hint は最後まで聞かなくてもいいですか？

Hint 1でわかったらすばらしいね。でも，どんなクイズか最後まで聞いたり，友だちの考えたヒントを最後まで楽しんだりすることも大切ですね。

＼　全員安心して参加できるようにするポイント　／

　タブレットを使用することで，お気に入りの部屋や場所の様子について，視覚的効果を高めながら楽しむことができます。Hint が難しい場合は，Hint もその場所を当てる写真にし，少しずつスライドさせながら見せることで，全員参加型のゲームにすることができます。

英語あそび

どんなアルファベットが隠れているかな？
アルファベットハンター

 時間 **20分**　 準備物　●タブレット端末

校舎内にあるアルファベットに見えるものを探す活動を通して，アルファベットの形に着目し，慣れ親しむ。

1. ルールを理解する

今から「アルファベットハンター」をします。学校の中でアルファベットの大文字の形に見えるものを探しに行きます。例えば，教室の時計はどんなアルファベットに見えますか？

時計は丸いからOの形です。

> **安心のしかけ**
> まずはOなどわかりやすいもので確認する。

いいですね！　見つけたものは，タブレットで写真を撮って保存します。

先生，時計の針が3時になっているから，Lにも似ています。

本当ですね！
時計の中には，たくさんアルファベットが隠れていますね。

2. アルファベット探しを行う

では,今からアルファベットを見つけに行きましょう。
○時○分になったら,教室に戻ってきましょう。

もうXを見つけたよ！

Wもあったよ！

3. 見つけたアルファベットを共有する

では,提出してもらったアルファベットの写真を,今からみんなで共有します。この机の脚の写真はどのアルファベットですか？

Hです！

Hを別の場所で見つけた人はいませんか？

窓の縁にあった！

一番多いアルファベットランキングや,26文字全部あるかチェックしてもおもしろそうですね。

＼ 全員安心して参加できるようにするポイント ／

OやXなど見つけやすいものを紹介しておくと,ハードルが下がり,取り組みやすくなります。実態に応じて,ペアやグループ対抗にするとさらに盛り上がります。

英語あそび

数を英語で伝えよう！
How many?

時間 20分

準備物 ●タブレット端末

ねらい

ものの数を英語で言ったり，クイズにしたい数を集めたりする活動を通して，数を英語で伝えることに慣れ親しむ。

対象：低学年／中学年／高学年

1. ルールを理解する

今から，写真に出てきた1〜20までの数を英語で伝えるクイズをします。

2. 1〜20までの数の言い方を練習する

♪チャンツ（11以上は，言えない子もいるので，何度もチャンツを言わせたり，リピートさせたりする）

では，先生が学校の中で撮ってきたこの写真から，数を見つけて，英語で答えてみましょう。
（トイレのスリッパの写真を提示する）

12！ Twelve！

192

3. 写真を撮りに行く

では，今から1～20までの数の中で，クイズにしたい数を考えながら，写真を撮りに行きましょう。

5が好きだから，5をたくさん見つけてもいいですか？

いいですね！ では，5シリーズで集めてね。

私は，1～10まで全部見つけたいな。

すばらしいですね！ 1～10まで全部見つかるといいね。

先生，1は簡単に見つかるよ！

どんなものに1が多かったですか？

黒板や教室の時計は1つしかなかったよ。

簡単に見つからないものを見つけてもおもしろいね。

> ＼ 全員安心して参加できるようにするポイント ／
> 1～20までの数の中で，探したいものを自分で決めさせることで，自身のめあてに合わせて活動することができます。1シリーズや，2の段シリーズ（九九）など，シリーズ化するとバリエーションが豊かになります。

英語あそび

自分の推しになろう！
推しの誕生日は？

時間　20分

準備物　●タブレット端末

ねらい
自分の推しやお気に入りのキャラクターになりきり誕生日クイズを行うことを通して，月や日付の言い方に慣れ親しむ。

対象：低学年／中学年／高学年

1. ルールを理解する

今から「押しの誕生日は？」をします。自分の推しやおすすめキャラクターになりきり，誕生日を紹介するクイズをします。
まずは，自分が紹介したい推しやおすすめキャラクターの誕生日を調べ，タブレットに「○／○」と日付を書きましょう。クイズの答えがわかりやすいように，日付を書いたシートの次のシートに，答えの写真やイラストがあるとわかりやすいです。

2. 練習をする

♪チャンツ　月・曜日
My birthday is _____.

では，準備できた人から先生のところに来て，誕生日の言い方を練習しよう。

安心のしかけ
1人ずつ確認する。

3. ペアやグループでクイズを出し合う

 では、ペアでクイズを出し合ってみましょう。

 When is your birthday?

 My birthday is ◻︎.
（正解の写真やイラストをスライドしながらゆっくり見せる）

 ぼくの好きなキャラクターと同じだ！

 ペアでクイズが出し合えたら、グループでもチャレンジしましょう。

＼ 全員安心して参加できるようにするポイント ／

自分の好きなキャラクターや推しの誕生日を調べ、クイズにすることで、どの子も意欲的に活動させることができます。誕生月を何度も練習することから始めると効果的です。

英語あそび

何文字書けるかな？
アルファベットリレー

 時間 20分　 準備物
- 4線黒板
- 4線が書かれたプリント

ねらい
4線にアルファベットを書く活動を通して，アルファベットを書くことの定着化を図るとともに，友だちと学び合う楽しさを味わう。

対象：低学年／中学年／高学年

1. ルールを理解する

今から「アルファベットリレー」をします。グループ対抗の大文字選手権です。4線黒板に，アルファベットの大文字を1人1文字ずつ，制限時間の中でできるだけたくさん書きます。

2. アルファベットの書き方を復習する

では，まずアルファベットの書き方を復習しましょう。
デジタル教科書の音声に合わせて，自分のプリントに書いてみましょう。レベル1／なぞりながら書く，レベル2／見ながら書く，レベル3／何も見ずに書く。自分でレベルを決めて，アルファベットを書く練習をしましょう。

安心のしかけ
レベルを設定することで，自分に合った復習の仕方を選択させる。

3. アルファベットリレーをする

では，グループに分かれて，アルファベットリレーをしましょう。

アルファベットは順番に書かないといけませんか？

どの順番でもOKです。自分のお気に入りのアルファベットを書くのでも，簡単なアルファベットから書くのでもOKです。
1文字書くごとに1ポイント入りますが，この袋の中には，ボーナスポイントのアルファベットが1つ隠れています。このアルファベットを書いていたグループには，ボーナスポイントを5ポイント追加します！

どのアルファベットなのかな…。

難しいアルファベットだと思うから，自分は難しいのを書こう！

4線が書かれたプリントを配るので，友だちが書いている間に練習してもいいですよ。

＼ 全員安心して参加できるようにするポイント ／

　アルファベットを書くことが苦手な子どもが困らないように，レベルに応じた復習の時間を十分に取ります。また，練習用のプリントを用意します。

英語あそび

行きたい国はどこ？
パスポートビンゴ

 時間　20分　 準備物　●ビンゴカード（3×3マス）

行きたい国を聞き合う活動やビンゴを通して，「Where do you want to go?」や「I want to go to 国名．」の言い方に慣れ親しむ。

対象
低学年
中学年
高学年

1. ルールを理解する

今から，友だちと行きたい国についてインタビューし合います。このマス目の入ったビンゴカードは，パスポートです。友だちの行きたい国を聞いたら，その国に行ったつもりで，国の名前を日本語で書き込みましょう。

2. 練習をする

♪チャンツ　Where do you want to go? I want to go to ☐．

国の名前の練習をしてみましょう。

では，行ってみたい国の名前を入れて，練習しましょう。

I want to go to ☐．

3. 様々な友だちとインタビューし合う

では，今から友だちとインタビューし合いましょう。

もし，Aさんがアメリカで，B君もアメリカになった場合，アメリカを2回書いてもいいですか？

アメリカに2回も旅行に行けますね。もちろんOKです。

途中で行きたい国を変更してもいいですか？

行きたい国が変わることもあるので，大丈夫です。いろいろな国の名前が言えるようになるといいですね。

4. ビンゴを行う

では，このパスポートを使って，ビンゴを行います。同じ国が複数ある場合，どれか1つを選んでください。では，電子黒板にランダムに出席番号を出していくので，その番号の人は，英語で国の名前を1つずつ言ってください。

＼ 全員安心して参加できるようにするポイント ／

学級の実態によっては，まずは，言い方が簡単な国にしぼるのも有効です。また，苦手な子どもが困ったり時間がかかったりしないように，ビンゴカードには日本語で国名を記入させます。

英語あそび

自作メニューで注文を取ろう！
ご注文は何？

 時間 20分　 準備物 ●タブレット端末

ねらい
メニューを見せながら注文を尋ねる活動を通して，「What would you like?」に慣れ親しみながら，友だちの好きなものを知る。

対象：低学年／中学年／高学年

1. ルールを理解する

 タブレットを使って，自分のお店に置きたい商品のメニューを英語でつくります。

 好きなものばかり売るお店でもいいですか？

 ファミリーレストランのように好みのものを並べてもいいし，クレープ屋さんやアイスクリーム屋さんのような専門店でもOKです。

 商品が準備できたら値段を書き込み，開店準備をしましょう。

2. 練習する

 ♪チャンツ　What would you like? ／ I'd like ☐☐☐. How much is it? ／ It's ☐☐☐ yen.

3. 友だちとやりとりを楽しむ

では、自分でつくったお気に入りメニューを使ってやりとりをしてみましょう。

(タブレット中のメニューを見せながら) What would you like?

I'd like a ramen.
How much is it?

It's 700 yen !

> **安心のしかけ**
> 値段設定は、子どもたちの実態に応じて変える。

「他にご注文はありませんか？」も尋ねていいですか？

もちろん！
どんなやりとりができるか、場面を楽しめるといいですね。

売りきれちゃった場面をやってみよう。

おすすめを紹介する場面をやってみたい！

＼ **全員安心して参加できるようにするポイント** ／

子どもたちが、自分がお店に置きたい商品を考えることからスタートすることで、やる気を引き出すことができます。子どもたちの実態に応じてシチュエーションを変えると、さらに活動が広がります。

クラス全員安心して参加できる学級あそび UD

図工あそび

体全体を使って楽しもう！
新聞紙でワクワク体操

 時間　15分　 準備物　●新聞紙

新聞紙を丸めたり，広げたり，裂いたりする活動を通して，体全体を使って新聞紙の変化を楽しむ。

対象
低学年
中学年
高学年

1. ルールを理解し，準備運動をする

 今から「新聞紙でワクワク体操」をします。まず新聞紙を用意して準備運動をします。机の上に広げてから，丸めたり，ねじったりすると，新聞紙が変身します。新聞紙をいろいろと変化させることを楽しみましょう。新聞紙を人に向かって投げたり，たたいたりするのはダメです。では，まず先生と同じように，1枚だけ新聞紙を小さく丸めて…，次に広げてみましょう。どんな感じかな？

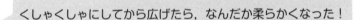 くしゃくしゃにしてから広げたら，なんだか柔らかくなった！

次はビリビリッと新聞紙を破いてみるよ。横向きにした新聞紙を縦の方向に破くと長細い紙がどんどんできるよ。他にも，新聞紙をねじってみると，どうなるかな？

 縦に破ると細長く切れた。ねじるとひもみたいになったよ！

2. 思い思いに新聞紙で遊ぶ

新聞紙をねじったり,裂いたり,つなげたりしながら,みんなでもっと新聞紙を変身させて遊ぼう。

ビリビリに裂いた新聞紙を集めて…,そうだ,海みたいにしよう!

先生,広げた新聞とネジネジしたひもをつけたら,おもしろい洋服がつくれそうだよ。見て見て!

自分の身にまとってみたり,新聞紙で場所を変身させたりしている人もいるね!

＼ 全員安心して参加できるようにするポイント ／
活動が停滞している子どもには,新聞紙の使い方や表現を工夫している子どもの活動を紹介したり,子どもと一緒に活動したりしながら,思いに寄り添うような声かけをします。

図工あそび

「こんなふうに見えたよ」を伝え合おう！
何に見えるかな？

 時間　15分　 準備物　●画用紙（小）

破った画用紙の形から想像したものを伝え合う活動を通して，自由な発想を認め合う楽しさを味わう。

対象　低学年／中学年／高学年

1. ルールを理解する

今から「何に見えるかな？」をします。小さめの画用紙が配られましたね。これをいろいろな形に破ります。乱暴に破らず，ゆっくり丁寧に破りましょう。破った紙は投げたりせず，机の上に並べて置きましょう。破った形を見て「何に見えるかな？」と考え，自分の思いついたイメージを発表するのが今日の活動です。お友だちが発表したとき「自分はこんなふうに見えたよ」「同じに見えたよ」などと発表し合う時間も取ります。でも，お友だちの「こんなふうに見えたよ」を否定するのはダメです。

2. 画用紙を破る

考え過ぎず，あえて手元を見ずに，指をいろいろと動かしながら，画用紙をゆっくりと破りましょう。なるべく一直線に切るのではなく，指先をうねうねさせてちょっと複雑な形に破るといいね。

先生, 見て見て, こんな形になったよ!

おっ, いいね。まだ「○○に見える!」とは言わないでね。

3. 順番に「こんなふうに見えたよ」を伝え合う

では, 自分の机の上に並んだ画用紙が「こんなふうに見えたよ」を発表してもらいます。友だちの発表を聞いて, 私も同じ形に見えたという人はグーを, 違う形に見えたという人はパーをあげてください。思いつかなくても, みんなの「こんなふうに見えたよ」を聞くだけでも OK です。では, 発表できる人からどうぞ!

はい! 私は「恐竜」に見えました。しっぽの部分がギザギザしている感じで, 体が長細くて…, 首が長い恐竜です。

はい! 私は○○さんの恐竜の形が,「大きなダチョウ」に見えました。ギザギザはダチョウが羽を広げているところに見えました。

みんなの見方が違って, 1つの形からでもたくさんのイメージが生まれて楽しいね。さぁどんどん「こんなふうに見えたよ」っていうみんなのイメージを伝え合いましょう。

＼ 全員安心して参加できるようにするポイント ／

安心して発表できるように, 人の考えを否定しない, 悪ふざけで発表をしない, 最後まで発表を聞くなど, 聞き方, 参加の仕方のルールを最初に説明しておくとよいでしょう。

図工あそび

膨らませたビニール袋の感触を楽しもう！
ふわふわあそび

時間 15分　**準備物** ●ビニール袋　●セロハンテープ

ねらい

ビニール袋を膨らませて，感触を楽しむ活動を通して，イメージを膨らませたり，友だちと協力したりすることのよさを味わう。

対象 低学年／中学年／高学年

1. ルールを理解する

> 今日はビニール袋が材料です。まずビニール袋に空気を入れます。空気が抜けないようにセロハンテープでとめて，膨らませてみましょう。1枚ずつゆっくり膨らませていきましょう。袋の種類や大きさによって，膨らませるのが難しい場合もあるので，セロハンテープで空気を閉じ込めるときは，友だちと協力してね。たくさんつくって積んだりつなげたりして，どんなことができるか考えてみよう。

2. どんなことができそうかを考える

> この膨らませたビニール袋でどんなことができそうかな？
> （最初は教師が，積む，つなげるなどをやって見せる）

> どんどん上につないでみたら，高くなった！
> セロハンテープで膨らんだ袋同士をつなげると大きな形になるね。

3. 思いついたことをして遊ぶ

膨らませたビニールにたくさん触れながら，思いついたことをして遊ぼう。活動するときには，まわりに気をつけましょう。

高く積んだらタワーみたいになった！

床に敷き詰めてふわふわランドにしたよ。

お互いにつくったものを見てみましょう。遊べる空間をつくった人はぜひみんなにも見せてあげてね。まだまだいろいろできそうなので，続きは今度の時間にもやってみましょう。

＼ 全員安心して参加できるようにするポイント ／

活動の最後には，ふわふわあそびで今後どんなことをしてみたいかなどを聞き，図工の造形あそびとして次時に活動時間を確保できるとよいでしょう。

図工あそび

文房具を並べてつくろう！
ならべて，見てみて，かおかお発見

- 時間：15分
- 準備物：
  - ●文具品などの身近なもの
  - ●タブレット端末

ねらい

身近なものを机の上で並べて「顔」をつくる活動を通して，形や色の違うものを組み合わせて創作することを楽しむ。

対象：低学年／中学年／高学年

1．ルールを理解する

今から「ならべて，見てみて，かおかお発見！」をします。道具箱を机の上に出しましょう。いろいろな文房具がありますが，それぞれの形や色を生かして，机の上に並べて「顔」をつくりましょう。でき上がったら近くの友だちに見せてね。すぐにできた人は，タブレットで撮影してまた違う形をつくりましょう。なるべくいろいろな種類のものを使って，違った感じの顔ができるといいですね。

2．顔づくりをする

では，文房具を並べて顔をつくりましょう。いろいろなものを組み合せていくとおもしろいですね。同じ顔でも，「笑い顔」「怒り顔」「泣き顔」など，いろいろな表情がありますよ。

色鉛筆と消しゴム，のりを使って「怒り顔」にしたよ！

たくさんの材料を組み合わせていておもしろいね。

3. つくった顔を鑑賞し合う

では，机の上にある，みんながつくった顔を見て回りましょう。友だちのつくった顔を見て，否定的なことを言うのはやめましょう。思い思いの顔の表現をじっくり鑑賞することが大事です。では，鑑賞タイム，どうぞ！

○○さんの顔は，マグネットをうまく使ってる！
すごくおもしろいね。

私は，いくつかつくったのでタブレットで撮影しました。タブレットを机の上に置いておくので，作品を見てみてください。

みんなイメージや使っている材料が違っておもしろいね。顔がたくさんあるけれど，どれも個性的な形と色で表現されていますね。最後は，自分で使った材料を元に戻していきましょう。せっかくなので，道具箱を整理整頓してすっきりさせてください。

＼ 全員安心して参加できるようにするポイント ／

教師が最初にタブレットで作品例を見せると，活動の見通しをもつことができ，安心して取り組めます。また，教室内の材料（黒板のマグネットやチョークなど）を使いたいという要望が出る場合があるので，最初のルール説明時に使用する材料についてきちんと共通理解を図りましょう。

図工あそび

おもしろい写真を撮影しよう！
不思議＆驚きショット

 時間 20分　 準備物　●タブレット端末

ねらい

おもしろいシーンを考え，タブレット端末を使って撮影する活動を通して，写真を撮影することの楽しさを味わう。

対象　低学年　中学年　高学年

1. ルールを理解する

 不思議で驚くようなシーンを考えて，タブレットで写真を撮影しましょう。ルールは，身の回りのものを利用すること，ちょっと驚くようなシーンを考えることです。例えば，ほうきの上にまたがったままジャンプした瞬間を撮影すると，空中に浮いたような写真が撮影できます。悪ふざけや人をばかにするような表現はダメです。

2. どんな写真を撮影するか考える

 どうすれば不思議な写真が撮れそうか，友だちと相談してみましょう。参考に写真資料も用意しておくから，見たい人は見てもいいですよ。

 インターネットで参考になりそうなものを調べてもよさそう。

不思議な模様や形をつくるなら、ものをわざと近づけたり遠ざけたりして撮影するのはどうかな。

3. 考えたシーンを撮影する

写真は何枚撮影しても大丈夫です。
悩んでいる人は、ぜひ友だちと一緒に活動しましょう。

遠近法を使って、ありえないようなおもしろい写真が撮れたよ。

水の上に紙を浮かべて、大きな川の中に浮いている感じを出そう。

撮影した写真は保存しておいて、次回鑑賞会をしましょう！

\ 全員安心して参加できるようにするポイント /

参考写真を用意したり、友だちと一緒に活動してもよいこととしたりして、参加しやすくします。また、次回の鑑賞会までに、休けい時間などを使って自由に撮影してもよいことを伝え、活動時間を確保します。

図工あそび

鏡の中の世界を楽しもう！
映して，のぞいて，ミラクルミラー

 時間 20分　 準備物　●帯状に切った画用紙　●手鏡　●タブレット端末

ねらい
帯状の紙を折ったり，組み合わせたりしたものを鏡に映す活動を通して，鏡の中に映し出される空間を楽しむ。

対象：低学年／中学年／高学年

1. ルールを理解する

 今日は，鏡を利用しておもしろいことをしてみましょう。材料は鏡と帯状の画用紙です。まずは，画用紙を折ったり，丸めたり，つなぎ合わせたりして，形を変化させましょう。そうしてつくった形を鏡に映し，鏡の中の世界がおもしろくなるように，自分だけの「ミラクルミラー」をつくってみましょう。でき上がったら，タブレットで写真を撮っておきましょう。

2. ミラクルミラーをつくる

帯状の画用紙を立たせてみましょう。左右対称の世界が鏡に現れますね。同じ材料でも複雑に組み合わせてから映すと，それだけでまるで違った世界が鏡の中に現れます。

 先生，紙を切ったり，何かかいたりしてもいいですか？

212

はい，どんどん思いついた加工をほどこしていってください。

3. ミラクルミラーを鑑賞し合う

では，みんなの机の上の「ミラクルミラー」を見て回りましょう。鏡の世界なので，映り込んだ形のおもしろさに着目してじっくり鑑賞することが大事です。では，鑑賞タイムどうぞ！

○○さんは，上に立てていった紙が，下の鏡にも映り込んで，タワーマンションみたいでおもしろいね。

私は，となりの友だちの鏡と一緒に合わせ鏡にして，無限ループのようなミラーリングの世界を，帯状の形と組み合わせて表現してみました。

鏡だけでも，複雑でおもしろい表現がいろいろできそうですね。時間も短いのですが，気に入った作品はぜひタブレットで撮影して記録しておきましょう。後日の図工の時間に，じっくり制作や鑑賞に取り組む時間をつくります。

＼ 全員安心して参加できるようにするポイント ／

活動が思うように進まない子どもがいる場合，教師が鏡に映った形に着目させるような声かけをするとよいでしょう。制作にあたって，鏡を2枚利用したい，材料をもっと増やしたいなどの要望が出る可能性があります。学級の実態に応じて帯状以外の材料を与えるなど臨機応変に対応しましょう。

【編者紹介】

『授業力&学級経営力』編集部
(じゅぎょうりょく&がっきゅうけいえいりょくへんしゅうぶ)

【執筆者一覧】

鈴木　邦明（帝京平成大学）
北川　雄一（東京都公立小学校）
広山　隆行（島根県松江市立古志原小学校）
種市　芳丈（青森県階上町立道仏小学校）
沼川　卓也（岩手県盛岡市立緑が丘小学校）
谷内　祥絵（京都府南丹市立八木西小学校）
堀江美由紀（東京都千代田区立和泉小学校）

クラス全員安心して参加できる　学級あそびUD

2025年3月初版第1刷刊　Ⓒ編　者『授業力&学級経営力』編集部
　　　　　　　　　　発行者　藤　原　光　政
　　　　　　　　　　発行所　明治図書出版株式会社
　　　　　　　　　　　　　　http://www.meijitosho.co.jp
　　　　　　　　　　（企画）矢口郁雄（校正）大内奈々子
〒114-0023　東京都北区滝野川7-46-1
振替00160-5-151318　電話03(5907)6701
ご注文窓口　電話03(5907)6668

＊検印省略　　　組版所　広　研　印　刷　株　式　会　社

本書の無断コピーは，著作権・出版権にふれます。ご注意ください。

Printed in Japan　　　　　ISBN978-4-18-370725-3
もれなくクーポンがもらえる！読者アンケートはこちらから

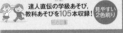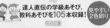